Tudo em volta está deserto

TUDO EM VOLTA ESTÁ DESERTO

encontros com
a literatura e a música
no tempo da ditadura
Eduardo Jardim

© Eduardo Jardim, 2017
© Bazar do Tempo, 2017

Todos os direitos reservados e protegidos pela Lei n. 9610 de 12.2.1998.
É proibida a reprodução total ou parcial sem a expressa anuência da editora.

Este livro foi revisado segundo o Acordo Ortográfico da Língua Portuguesa de 1990, em vigor no Brasil desde 2009.

EDITORA Ana Cecilia Impellizieri Martins

COORDENAÇÃO EDITORIAL Maria de Andrade

PREPARAÇÃO DE ORIGINAIS Leny Cordeiro

REVISÃO Elisabeth Lissovsky

PROJETO GRÁFICO Thiago Lacaz

FOTOS Thereza Eugênia (Gal Costa); Fundação Casa de Rui Barbosa / Arquivo Museu de Literatura Brasileira e Acervo Ana Arruda Callado – fotógrafo não identificado (Antonio Callado); Acervo Ana Cristina Cesar / Instituto Moreira Salles – fotógrafo não identificado (Ana Cristina Cesar)

AGRADECIMENTOS Ana Arruda Callado, Emilia Silveira e Vinicius Nascimento

Dados Internacionais de Catalogação na Publicação (CIP)
(EDOC BRASIL, Belo Horizonte, MG)

Jardim, Eduardo
Tudo em volta está deserto: encontros com a literatura
e a música no tempo da ditadura / Eduardo Jardim.
Rio de Janeiro: Bazar do Tempo, 2017. 128 p.
ISBN 978-85-69924-29-6
1. Brasil – Política e governo – 1964-1985. 2. Ditadura – Brasil –
História. 3. Ensaios. 4. Literatura brasileira – Aspectos políticos.
5. Música popular brasileira – Aspectos políticos. I. Título.
CDD-701.03

ॐ BAZAR DO TEMPO
Produções e Empreendimentos Culturais Ltda.
Rua José Roberto Macedo Soares, 12, sala 301
22470-100 Rio de Janeiro RJ
bazardotempo.com.br (21) 2158 1153
contato@bazardotempo.com.br

Agradecimentos

Clare Paine
Luciano Figueiredo
Maísa Sá
Marcelo Jasmim
Maria Hirszman
Myriam Lins de Barros
Paulo Antonio Paranaguá
Pedro Duarte

"Não quero lhe falar, meu grande amor, das coisas que aprendi nos discos. Quero lhe contar como eu vivi e tudo que aconteceu comigo.

Na parede da memória essa lembrança é o quadro que dói mais."

"Como nossos pais", Belchior

Sumário

Aos vinte anos **10**

1. Literatura é documento **16**
Quarup – antecedentes: as viagens e o jornalismo **19**
Quarup – antecedentes: os romances e o teatro **27**
Contexto político e cultural **30**
As ideias principais **35**
O livro **38**
Depois de *Quarup* **44**

2. Sinto alegria, tristeza e grito **54**
Depois do AI-5 – tempos sombrios **57**
A montagem do espetáculo **60**
Tropicalismo e pós-tropicalismo **67**
O drama **74**

3. Inverno no Rio de Janeiro **76**
Ana Cristina pesquisadora **79**
Tradutora **85**
Crítica e colunista **93**
Poesia – o ritmo **96**
Poeta extemporânea? **101**
Literatura feminina – interlocução **106**

Longe e perto **114**
Referências bibliográficas **118**
Sobre o autor **124**

Aos vinte anos

"Como bagagem, aos vinte anos,
uma rosa entre os dentes,
que dura um suspiro
e que te pica antes de morrer."[1]
Léo Ferré, *"Vingt ans"*

Um episódio de 1972. Estamos dentro de um carro descendo a ladeira íngreme que leva a uma rua tranquila da Zona Sul do Rio de Janeiro. Vínhamos do hospital. Uma amiga muito querida teve um parto malsucedido. Seu filho morreu pouco depois e tinha que ser providenciado o enterro. Era preciso registrar o atestado de óbito no cartório de plantão no Centro da cidade e para lá nos dirigimos. Éramos três no fusca – um amigo, o marido da minha amiga e eu. Já era tarde da noite. A certa altura, de dentro do escuro, saltou um grupo de policiais empunhando metralhadoras e nos cercaram. Paramos e atendemos à ordem de sair do carro. Só então me dei conta de que na correria do dia tinha esquecido de retirar do porta-malas um punhado de panfletos que denunciavam as torturas dos presos políticos nos quartéis. Gelei. O marido da minha amiga, que não sabia disso, explicou aos policiais o que estávamos fazendo ali e para onde íamos. Fomos liberados. Já dentro do carro contei o risco que tínhamos corrido. Não podíamos rir de alívio porque não cabia em uma situação tão triste, mas respiramos fundo, e a vida foi em frente.

Lembro-me daquela noite quando me perguntam como era a

---

1 *Pour tout bagage, on a vingt ans/ on a une rose au bout des dents,/ qui vit l'espace d'un soupir/ et qui vous pique avant de mourir.*

vida de todo dia no período da ditadura. Estamos tão habituados a ouvir os terríveis relatos dos militantes presos, de torturas e perseguições, que esquecemos de muitos outros aspectos dessa época. Eu era um estudante de filosofia, de pouco mais de vinte anos, me interessava por literatura, por música e por cinema. Naquela época, já não havia protestos na faculdade. O AI-5 havia sido decretado em dezembro de 1968, com a cassação de muitos professores, e o decreto 477 punia qualquer forma de manifestação política dos estudantes; alguns colegas ligados às organizações de esquerda foram para a clandestinidade, outros estavam presos, e logo depois ficamos sabendo que um deles tinha sido morto. Eu era como qualquer jovem de qualquer época. Descobríamos o amor e o sexo. Tínhamos acolhido algumas atitudes dos *hippies*, que pareciam exprimir a rebeldia contra toda forma de autoridade. Éramos radicais em nossos pontos de vista. Não tínhamos dúvidas quanto ao caráter opressivo do regime e não fazíamos concessões, buscando brechas para nos opor a ele. Éramos radicais também quando discutíamos sobre música e o cinema de Glauber Rocha e de Godard. Queríamos conciliar o conteúdo das nossas reivindicações com novas formas de expressá-las. Achávamos que nossos projetos pessoais se concretizariam através de uma transformação coletiva. É verdade que, àquela altura, as manifestações em grupo só podiam acontecer em ambientes muito restritos, como no teatro e nos shows de música. É possível que, por se passarem entre quatro paredes, elas eram vividas com concentrada emoção.

Um desses momentos que me impressionaram foi o show da Gal Costa, *Gal a todo vapor*. No final de 1971, o verão ainda não tinha começado no Rio de Janeiro quando ocorreu a estreia no Teatro Teresa Raquel, em um shopping de Copacabana. Hoje se percebe que o show era terrivelmente triste, inclusive o grito repetido ao final: "Quero ver de novo a luz do sol!" Por algumas semanas, uma plateia de jovens enchia o teatro e vivia por duas horas uma espécie de catarse, uma explosão de energia. Era como se, naquelas noites, à opressiva realidade política se opusesse um esforço de evasão em que se misturavam a melancolia de "Coração vagabundo" e a euforia do carnaval de "Chuva, suor e cerveja". Mas não era só isso. Ali também se experimentava uma crítica da ditadura por via muito diferente da tradicional, que envolvia o questionamento dos padrões de comportamento e a mobilização de emoções nunca publicamente estampadas. Naturalmente, não demorou para a repressão do regime se abater sobre músicos e artistas. Os jovens que lotavam o teatro naquele show iriam atravessar, nos anos seguintes, tempos ainda mais sombrios, que os forçariam a um mergulho muitas vezes arriscado na subjetividade, para o qual não se contava com roteiros compartilhados.

Na literatura, alguns autores expressaram os dramas desses tempos difíceis – um deles foi Ana Cristina Cesar. Ana acolheu o que lhe cabia naquela época: a turbulência das paixões, a exploração detalhada da intimidade, o embate nem sempre bem-sucedido com os padrões tradicionais de comportamento – e deu a isso formulação literária. A literatura não foi para ela só um meio de expressão, mas o norte de sua vida. Enquanto houvesse o recurso da criação, ela estava a salvo.

Antes disso tudo, no entanto, tinha havido uma época muito mais gloriosa, se compararmos com o que veio depois – o fim dos anos 1960. Aquele foi um momento único de efervescência política e cultural, quando ocorreram as grandes passeatas, surgiram movimentos culturais como o tropicalismo na música, no teatro e no cinema, chegaram as notícias de Maio de 1968, em Paris, e das grandes manifestações no mundo todo contra a guerra do Vietnã. Em 1967, tinha sido publicado *Quarup*, de Antonio Callado. O livro estampava a perplexidade de setores da intelectualidade diante do golpe de 1964, seus planos de oposição e também suas contradições. Sabemos também como 1968 terminou no Brasil, com uma radicalização crescente dos grupos de oposição, que aderiram à luta armada, e a reação brutal do AI-5.

Como se vê, em poucos anos, em momentos sucessivos, é possível acompanhar três maneiras diferentes de vivenciar a relação da literatura e da música com a história e com a vida. No fim da década de 1960, a literatura, na qual *Quarup* se destaca, foi vista como uma forma de intervenção. Já no início dos anos 1970, os espetáculos musicais e o teatro tiveram uma função catártica. Novas formas de sociabilidade surgiram. Um posicionamento crítico incorporou critérios relativos às esferas da sensibilidade e do comportamento. Em seguida, ao longo da década de 1970, a literatura centrou-se, em geral, na exploração da subjetividade. A poesia se fez íntima e confessional. Dirigia-se a um público de leitores que frequentavam as livrarias e não tinham mais, necessariamente, contato entre si. A atividade literária não precisava de uma justificativa externa, como alguma ideologia. Como decorrência, explorações formais e estilísticas foram mais frequentes. Para alguns autores, a literatura já era uma profissão. Por outro lado, em uma situação de esvaziamento das referências coletivas, alguns poetas e escritores estabeleceram um vínculo vital com a criação. A relação entre poesia e vida foi fortemente potencializada.

Literatura é documento

Quarup – antecedentes:
as viagens e o jornalismo

Em 1967, foi publicado *Quarup*, de Antonio Callado. O livro teve grande repercussão, garantindo ao autor um lugar de destaque naquele ano em que também foram lançados *Tutameia*, de Guimarães Rosa, *Lúcia McCartney*, de Rubem Fonseca, e *Ópera dos mortos*, de Autran Dourado. Na poesia, Carlos Drummond de Andrade reuniu parte de sua obra em *José & outros*. Foi também o ano de *Cem anos de solidão*, de Gabriel García Márquez, traduzido pouco depois.

Quarup foi lançado pela Civilização Brasileira, do editor e livreiro Ênio Silveira, que fez da Civilização uma editora de muito sucesso, conhecida por publicar, mesmo depois de 1964, importante literatura de esquerda. Clássicos como Marx e Antonio Gramsci, assim como os livros do historiador Nelson Werneck Sodré, inclusive sobre a história militar brasileira, eram expostos nas estantes da livraria da rua Sete de Setembro, quase esquina com a avenida Rio Branco, no Centro do Rio. Na parede externa da loja havia um cartaz em que aparecia um rosto com os olhos, a boca e o nariz tampados, com a legenda: "Quem não lê, mal fala, mal ouve, mal vê." Por ser um militante do Partido

Comunista, Ênio foi preso algumas vezes. Em uma delas, em 1965, o próprio presidente Castelo Branco manifestou irritação com o ocorrido.[1] Em outra, encontrou um "hóspede" estreante no presídio – Caetano Veloso.

Antonio Callado nasceu em Niterói, em 1917, em uma família culta e bem situada socialmente. Fez o curso de Direito, mas nunca se dedicou à advocacia. Começou a trabalhar aos vinte anos, nos jornais do Rio de Janeiro, como em *O Globo*, como cronista, até ir para a Inglaterra, em 1941, onde integrou a equipe da BBC, redigindo o noticiário em português *A Voz de Londres*. Depois da guerra, ficou na Europa até 1947, tendo passado um período em Paris. A esta altura já estava casado com a primeira mulher, Jean, também jornalista na BBC, que o acompanhou no seu retorno ao Brasil e foi mãe de seus três filhos: Tessy, Maria Antonia (Tony) e Paulo. Em seu último romance, *Memórias de Aldenham House*, Callado recordaria a época na Europa, durante a guerra.

A carreira de jornalista continuou no *Correio da Manhã*, do Rio, sem grandes novidades, até que em janeiro de 1952, a convite de Assis Chateaubriand, o Chatô, dos *Diários Associados*, Callado viajou para a região do Xingu, em Mato Grosso, às margens do rio Culuene, para fazer uma reportagem sobre a viagem e o desaparecimento do explorador inglês coronel Percy Harrison Fawcett, nos anos 1920. Um ano antes, o sertanista Orlando Villas-Bôas tinha sabido, através dos índios da região, da existência de uma ossada que seria do viajante. Chatô, sempre atraído por reportagens de impacto, providenciou a excursão, que incluía o filho de Fawcett, Brian, vindo da Inglaterra, e resolveu contratar Callado, mesmo sendo empregado de uma empresa concorrente. Afinal, descobriu-se que a ossada não era do inglês e o mistério do seu desaparecimento perdura até hoje. Nessa viagem, Callado teve o primeiro contato com o mundo

---

1   E. Gaspari, *A ditadura envergonhada*, p. 231-232.

que retrataria mais tarde em *Quarup*, e até pôde assistir à própria cerimônia do *quarup* – um ritual mortuário em que um tronco da árvore *quarup* assume a figura de um chefe já morto que, ao final, é jogado em um rio. O resultado da reportagem foi o livro *Esqueleto na Lagoa Verde*, com o subtítulo *Ensaio sobre a vida e o sumiço do coronel Fawcett*, de 1953, antes publicado em partes no *Correio da Manhã*. [2]

De fato, é um trabalho ensaístico, já que consiste em uma interrogação sobre o significado da viagem de Fawcett, com um alcance até mesmo filosófico, e sobre a relação da sociedade brasileira com um dos seus componentes, a população indígena. Tem ainda um caráter documental, realçado, na reedição recente, com a incorporação do diário do repórter na época. Literariamente é um dos melhores trabalhos de Callado.

Sabe-se que, em 1925, Fawcett penetrou no interior do país em busca das ruínas de uma civilização perdida, uma Atlântida continental, chamada por ele de "Z". Callado apresenta, em seu livro, um histórico das ideias utópicas que afirmam a existência de uma cidade desaparecida que seria preciso resgatar. Também menciona a tragédia dos vários crentes ou aventureiros que resolveram atender a esse apelo com iniciativas concretas. Fawcett foi um desses heróis malogrados. Ele e seus dois acompanhantes – um de seus filhos e um oficial inglês – foram massacrados pelos índios, em circunstâncias nunca elucidadas.

Callado retornou à região do Xingu em 1958, em um grupo que pretendia apresentar Brasília e os índios brasileiros ao escritor inglês Aldous Huxley. Participava da excursão a poeta norte-americana Elizabeth Bishop, há alguns anos vivendo no Brasil, que narrou, no seu humor não isento de preconceitos, que uma velha índia teria pedido o escritor em casamento.

---

2   A. Callado, *O esqueleto na Lagoa Verde: ensaio sobre a vida e o sumiço do coronel Fawcett*.

Impressões dessas viagens marcariam a elaboração de *Quarup*, anos mais tarde. Alguns nexos entre os dois livros já podem ser apontados. *Esqueleto na Lagoa Verde* é a reportagem sobre a excursão cujo propósito era resgatar uma ossada que, afinal, não era a de Fawcett. O livro contém também o relato da aventura malsucedida do viajante inglês, na busca de uma cidade perdida. Nos dois casos, trata-se de empreendimentos frustrados. O tema de um graal nunca encontrado retornou outras vezes na obra de Antonio Callado, especialmente em *Quarup*.

Em *Quarup*, Callado narra a história da viagem de um grupo, de que Nando, o protagonista do romance, é um dos integrantes, organizada para chegar ao centro geográfico do país e lá fixar um marco, o que, na verdade, jamais ocorre. *Quarup*, bem como *Esqueleto na Lagoa Verde*, faz referência a um destino que sempre escapa. Nesse sentido, os dois livros remetem a uma linhagem da nossa literatura de que faz parte *Macunaíma*, de Mário de Andrade, cujo enredo gira em torno da busca do amuleto perdido e nunca recuperado. Como salientou a crítica Gilda de Mello e Souza, há na rapsódia de Mário de Andrade, de forma implícita, a referência à saga do santo graal.[3] Mas como não reconhecer que este é um traço recorrente da literatura brasileira, particularmente quando está em jogo a definição da identidade nacional?

Outro elo entre *Quarup* e *Esqueleto na Lagoa Verde* tem a ver com a figura do índio. As visões do índio pelos intérpretes da história brasileira foram contraditórias. Houve os que lamentaram a pobreza da sua cultura e seu infantilismo, responsáveis por parte dos vícios da nossa formação. Houve também outra direção, vinda do período colonial, passando pelo romantismo e pelo modernismo, que vê no índio um componente da vida brasileira, cuja pureza estaria na base da identidade nacional. O *Caramuru*,

---

3   G. Mello e Souza, *O tupi e o alaúde*.

de Santa Rita Durão, *Iracema*, de José de Alencar, e a Antropofagia, de Oswald de Andrade, são momentos desta tradição.

Callado guardou alguma coisa das duas correntes. Por um lado, viu no índio uma criança, despreparado para qualquer empreitada de vulto. O personagem do índio Anta, bonito, preguiçoso e malandro, que lembra Macunaíma, é a personificação da primeira posição. Foi descrito pela primeira vez em *Esqueleto na Lagoa Verde* e, mais tarde, retomado em *Quarup*, de forma romanceada. Por outro lado, o escritor reconheceu na civilização indígena um mundo idílico, que bem poderia servir de referência para a instauração de uma sociedade mais feliz. No caso de *Quarup*, a ida de Nando para o interior do país correspondeu, ao menos em um primeiro momento, ao anseio de ir ao encontro deste modelo.

O índio esteve presente em outros livros de Callado, além de *Esqueleto na Lagoa Verde* e de *Quarup*. O romance *A expedição Montaigne* (1982) relata o sonho de Vicentino Beirão de liderar uma revolução dos índios para tomar o poder no país. Em *Concerto carioca* (1985), Jaci, o jovem índio, é o personagem central. Ele irrompe no mundo urbano e civilizado, alterando sua ordem, pondo em xeque seus valores e confundindo os sentimentos dos personagens.

Um personagem marcante de *Esqueleto na Lagoa Verde* é o indigenista Orlando Villas-Bôas, cujo perfil vai ser aproveitado para compor o Fontoura, de *Quarup*. O indigenista é para Callado um idealista, um verdadeiro amigo dos índios, um herói que trocou a civilização pela vida dura nas matas. Seu contato desinteressado com os silvícolas contrasta com o oportunismo e a insensibilidade das autoridades que ditavam a política nos gabinetes dos órgãos governamentais. O indigenista de Callado pertence a um grupo que já desapareceu, de que fizeram parte Cândido Rondon, Chico e Apoena Meirelles, os irmãos Orlando, Cláudio e Leonardo Villas-Bôas e Curt Nimuendajú. Missionários, políticos, pesquisadores universitários e burocratas tomaram o lugar dessas figuras lendárias.

O trabalho jornalístico talvez tenha sido a fonte principal de toda a obra de Antonio Callado, em particular de *Quarup*. A relação entre literatura e jornalismo é bastante comum na vida literária brasileira. Grandes escritores foram chamados para escrever em jornais e a própria figura do cronista diário, um sucesso do nosso jornalismo, resultou dessa interação. No caso de Callado, foi o jornalista que se fez escritor. *Quarup* se inspirou, em grande parte, em reportagens – *Esqueleto da Lagoa Verde* e a série "Tempo de Arraes", publicada no *Jornal do Brasil*, no final de 1963, pouco antes do movimento militar de abril de 1964.

Em 1963, Antonio Callado foi a Pernambuco ouvir os protagonistas de uma cena política incandescente. Em 1959, já tinha estado no Nordeste para acompanhar os acontecimentos no Engenho Galileia, o primeiro empreendimento bem-sucedido das Ligas Camponesas, que resultou na desapropriação das terras que, em seguida, foram repassadas para uma associação de camponeses.[4] Para Callado, aquele foi um "prudente investimento a favor da ordem vigente, uma tentativa de apagar o fogo da rebelião camponesa que Francisco Julião soprava o mais que podia".[5] Na viagem de 1963, Callado não escondeu seu entusiasmo com a "revolução social" que ocorria na região. A série de reportagens do *Jornal do Brasil* foi reunida no livro *Tempo de Arraes: padres e comunistas na revolução sem violência*, publicado pela José Álvaro Editor, do Rio de Janeiro, no ano seguinte.

O foco principal da política nordestina na época era a situação conflituosa no campo. O principal personagem dessa história foi o governador Miguel Arraes, que conduzia uma série de

---

4 Os acontecimentos foram também o assunto do filme *Cabra marcado para morrer*, de Eduardo Coutinho, de 1984.

5 A. Callado, *Antonio Callado repórter*, p. 44.

reformas que visavam à instauração de uma ordem mais justa para os camponeses. Isso incluía uma reforma da polícia, que deixou de ter a função principal de reprimir a população revoltada e passou a se ocupar com a mediação dos conflitos. Arraes foi um reformista. Sabia que precisava de grande firmeza para equilibrar tantos interesses conflitantes. De um lado, era preciso ser arrojado em suas reformas, para não causar a frustração dos camponeses insuflados pelas várias organizações da esquerda. Na época, vários grupos disputavam a condução dos movimentos sociais. Havia o Partido Comunista, que, em geral, apoiava o governador, e que tinha Gregório Bezerra como principal líder; as Ligas Camponesas, de Francisco Julião, com posições mais radicais, que contavam com o apoio de Cuba e já organizavam focos de guerrilha no campo; a Igreja, que tentava reconquistar seus adeptos com uma posição mais à esquerda, e outros grupos menores. De outro lado, Arraes tentava evitar um confronto com os grandes proprietários, que tinham o apoio das forças armadas, no caso, o IV Exército, sediado em Recife. Por esse motivo, não pretendeu questionar o direito à propriedade privada da terra. A solução negociada de Arraes contava com o respaldo de setores do governo de João Goulart, os quais, no entanto, vinham perdendo força para os radicais, liderados pelo governador do Rio Grande do Sul, Leonel Brizola, cunhado do presidente. À medida que se acentuava esse processo de radicalização, os meios militares se mostravam mais assustados.

Arraes estava próximo de duas importantes figuras – Celso Furtado e Paulo Freire. O primeiro estava à frente da Sudene, a Superintendência do Desenvolvimento do Nordeste, criada em 1959, e planejava implantar um amplo programa de combate à seca em toda a região nordestina. Uma das reportagens de *Tempo de Arraes* relata a viagem de Furtado, acompanhado pelo repórter, para a inauguração do primeiro chafariz público em uma cidadezinha do sertão. Cheio de admiração, o jornalista escreve:

No meio da cidadezinha tostada, criada em cima das pedras, com uma população inexplicavelmente sadia, ergue- -se agora o maior poço da zona, com lavandarias dotadas de bons tanques, com chuveiros públicos pra damas e cavalheiros, com bebedouro para os bichos, um grande cata-vento, uma caixa de 34 mil litros por hora. O grande chafariz custou 3,5 milhões de cruzeiros e vale, para aquela gente, naquela zona, centenas de milhões.[6]

Paulo Freire, por sua vez, tinha concebido um método inovador de alfabetização de adultos, o Sistema Paulo Freire, adotado pelo Movimento de Cultura Popular de Recife (MCP), do qual foi um dos diretores. A aprendizagem era feita a partir de palavras geradoras, usadas no dia a dia dos alunos, e foi bastante eficiente. O MCP foi implantado em 1960, quando Arraes era prefeito de Recife, e ganhou maior projeção três anos depois, quando ele assumiu o governo estadual. Imaginava-se que nas eleições presidenciais de 1965 um grande contingente de recém-alfabetizados já pudesse votar.

O final da série de reportagens *Tempo de Arraes* contém uma passagem muito reveladora para se compreender o significado da trajetória de Callado, como escritor e também em suas intervenções públicas. As últimas linhas advertiam para o risco de a violência se apresentar como a única saída diante da obstrução das reformas sociais propostas pelo governador Miguel Arraes. O texto concluía:

Minha impressão mais generalizada sobre tudo aquilo que vi em Pernambuco, repito-a aqui: Pernambuco, com suas ligas camponesas, seus comunistas, seus padres, tomou nojo da estagnação em que vivia, da estagnação em que, com menor pungência,

6 Ibid., p. 98.

vive o Brasil inteiro. Há caminhos para que o estado saia dessa estagnação sem recursos à violência. Se esses caminhos forem obstruídos, tenho a impressão de que é certo o apelo à violência.[7]

Alguns meses depois, o golpe militar de 1964 interrompeu o movimento reformista, Arraes foi preso e a esquerda passou para a oposição, sendo duramente perseguida. O principal objetivo de *Quarup*, escrito nos anos seguintes, 1965 e 1966, foi de, através do relato da vida de Nando, inicialmente padre Nando, refletir sobre a nova situação e tomar uma posição, que, como se verá, tinha passado por forte radicalização.

Depois da publicação de *Quarup*, Callado continuou no jornalismo. Foi ao Vietnã do Norte em 1968 e publicou suas reportagens no livro *Vietnã do Norte: advertência aos agressores*, na Civilização Brasileira, em 1969.

Quarup – antecedentes: os romances e o teatro

Callado havia escrito dois romances antes de *Quarup* – *A assunção de Salviano* (1954) e *A madona de cedro* (1957) – e peças de teatro. O primeiro romance tem um enredo muito pouco convincente: um homem do povo, Salviano, no interior do Nordeste, é procurado por um membro do Partido Comunista, Júlio Salgado, homossexual e de muito mau caráter, que o convence a se passar por um beato e arregimentar a população da cidade para sabotar a procissão da santa do lugar. Aos poucos, Salviano começa a achar que é realmente um profeta como padre Cícero, e uma gigantesca romaria se forma em torno dele. Acusado de um crime que não cometeu, de que o verdadeiro culpado é o comu-

---

7   Ibid., p. 121.

nista Júlio, Salviano é preso, e isso provoca uma violenta reação dos seus seguidores. Sem comer e muito abatido, Salviano acaba morrendo na cadeia. As autoridades, temendo que seu corpo seja descoberto pela multidão enfurecida, resolvem retirá-lo às escondidas pelo telhado. A massa de fiéis invade a cadeia, não encontra o santo, e nota o buraco no teto. Todos passam, então, a acreditar que Salviano subiu para o céu.

Callado sabe que o movimento dos romeiros é motivado pela ignorância e a situação de miséria em que se encontram. Ao mesmo tempo, reconhece a espontaneidade e a fé genuína do grupo que se aglutina em torno de Salviano. A postura íntegra do beato, que contagia os que estão ao seu redor, contrasta com a atitude dos outros personagens do romance. Assim, o vigário da pequena cidade se alia às autoridades políticas e aos ricos, e não hesita em participar da perseguição ao beato. Os dois comunistas, Júlio Salgado e João Martins, pretendem apenas usar o povo como massa de manobra para conseguir prestígio junto ao Partido Comunista. Júlio, além de comunista, é homossexual, e quer por todos os meios conquistar o amor de João. A representação do personagem mais torpe do livro como comunista e homossexual surpreende o leitor de hoje. Callado deve ter incorporado preconceitos comuns da época, inclusive nos meios intelectuais de esquerda. Também as figuras femininas são tratadas de forma esquemática e preconceituosa. A mulher de Salviano, Irma, descrita como uma estrangeira, entrega o marido à polícia. Ritinha é a única personagem feminina avaliada positivamente. É uma prostituta apaixonada pelo herói, que, ao longo da trama, passa a venerá-lo e a dedicar-lhe um amor santificado.

Assunção de Salviano traduz a expectativa do autor de que um movimento espontâneo da população pobre, mesmo motivado pelo fanatismo, seja capaz de desafiar os poderosos, a Igreja e até o Partido Comunista, que queria apenas manipulá-la. Em uma edição posterior do livro, Callado fez uma dedicatória para Franklin de Oliveira, amigo e também colega no jornalismo, na qual se referiu ao arco de "fantasia exata" que liga Juazeiro, a cidade em que se passa a história do romance, e o Engenho Galileia, onde eclodiu o movimento dos camponeses liderados pelas Ligas Camponesas, em 1959. O mesmo arco ligaria também este primeiro romance e *Quarup*, o grande sucesso de 1967.

A madona de cedro, de 1957, foi o segundo romance de Callado. O personagem central é Delfino Montiel, um comerciante de Congonhas, Minas Gerais, tolo e ambicioso, que se envolve no roubo de uma imagem de uma igreja da cidade. O episódio passa a atormentar sua vida. Por um lado, Delfino é enredado pelo grupo de bandidos que o força a continuar no crime. Por outro, sente remorso pelo que fez e quer escapar da armadilha em que se meteu. Seus conflitos pessoais são ainda maiores pelo fato de sua vida transcorrer em um ambiente de sacristia de igreja do interior, com uma mulher beata e um vigário, um homem frustrado a quem deve obediência. No final, o lado "bom" termina vencendo. Delfino percorre uma *via crucis* de arrependimento, de autopunição e de espetacular salvação, em sentido próprio e figurado. O livro termina com a cena em que o exaurido personagem, carregando uma cruz até o adro da igreja principal da cidade, é acolhido pela mulher e pelo vigário. A imagem da santa também é restituída, o que leva os fiéis a acreditar em um milagre. Por vezes, o leitor do romance percebe uma crítica, sob forma de ironia, à atitude do personagem principal, aos costumes da pequena cidade e à ganância dos poderosos. No entanto, tudo é feito de forma tão pouco convincente que acaba sobrando apenas uma trama desinteressante.

Callado foi também autor de teatro. Em 1957, sua peça *Pedro Mico* foi montada no Rio, com direção de Paulo Francis, cenografia de Oscar Niemeyer, tendo no papel-título Milton Moraes, pintado de preto. A história se passa em uma favela da Zona Sul carioca, com vista para o cenário deslumbrante da Lagoa

Rodrigo de Freitas, que seria removida para um bairro distante, anos mais tarde, no governo Carlos Lacerda. O personagem é um marginal perseguido pela polícia, chamado de Mico pelo fato de escalar as paredes dos prédios que assaltava. Seguindo uma idealização corrente, o escritor atribuía ao marginal uma posição de liderança na revolução social e associava sua figura à do mítico herói Zumbi dos Palmares, que no período colonial esteve à frente de uma revolta de escravos.

Duas mulheres servem de coadjuvantes na trama: a nova namorada, que relata ao herói os feitos de Zumbi, e uma pretendente desprezada, que acaba o denunciando à polícia. As figuras femininas, aqui e também nos outros romances, gravitam em torno do personagem masculino e dependem dele para o bem e para o mal. No final da peça, à diferença do que ocorreu com o herói do passado, que se atirou em um precipício, Pedro escapa vivo, ficando pendurado nas cordas usadas nos assaltos, e reaparece, possivelmente para fazer a justiça social.

Contexto político e cultural

A trama de *Quarup* se passa dos últimos dias do segundo governo de Getúlio Vargas, em 1954, até os meses subsequentes à deposição do presidente Jango e à tomada do poder pelos militares, em 1964. O livro é uma reconstituição histórica, mas reflete as preocupações do autor na época em que foi escrito. A ditadura que começara disfarçada já dava sinais de ceder ao grupo de militares mais radicais – a chamada linha dura. Na verdade, já em abril de 1964, o primeiro Ato Institucional tinha representado uma violação da Constituição de 1946. Os poderes do Executivo foram expandidos, os do Congresso e do Judiciário limitados, o presidente podia cassar mandatos, suspender direitos políticos e demitir funcionários civis e militares. Com base nesses instrumentos, as principais lideranças políticas atuantes foram eliminadas. Um Congresso submetido à nova ordem elegeu o marechal Humberto Alencar Castelo Branco como presidente. Em seu discurso de posse ele afirmou que entregaria o poder no início de 1966 ao sucessor legitimamente eleito, mas não cumpriu a promessa, tendo seu mandato se estendido até março de 1967. Muitas prisões foram feitas nos primeiros meses do novo regime e casos de tortura também foram relatados em 1964, assunto da última parte de *Quarup*. Criaram-se os temíveis Inquéritos Policiais Militares (IPMs). Em um primeiro momento, a repressão se abateu sobre sindicalistas, militares com patentes menos graduadas e ativistas, inclusive de movimentos católicos. Em outubro de 1965, o abade do Mosteiro de São Bento, de Salvador, dom Timóteo Amoroso Anastácio, enviou ao presidente da República uma carta em que protestava contra a condenação, por subversão, do padre Francisco Lage, um dos criadores da Ação Popular, agremiação política que pretendia juntar cristianismo e marxismo. Foi apoiado por Alceu Amoroso Lima, o importante líder católico leigo, que aproveitou para lamentar a promulgação do AI-2, poucos dias antes. Os Atos Institucionais de 1965 e 1966 puseram fim às eleições diretas para governador, extinguiram os partidos políticos existentes e criaram dois novos, a Arena (governista) e o MDB (de oposição). Em outubro de 1966, o general Arthur da Costa e Silva foi eleito presidente de forma indireta e tomou posse em março de 1967. Com ele o regime militar se consolidaria e a perseguição aos opositores recrudesceria, sobretudo aos que tinham aderido a uma reação armada, como aconteceu com o foco guerrilheiro da serra do Caparaó, apoiado por Leonel Brizola, e que contava com recursos oriundos de Cuba.[8]

---

8 E. Gaspari, op. cit.; e P. Markun, *Na lei ou na marra*, Col. Brado retumbante, vol. 1.

No Nordeste, onde se passa parte da trama de *Quarup*, teve lugar uma forte mobilização política antes de 1964. Por esse motivo, a repressão foi muito violenta; a situação era dramática. As denúncias de maus-tratos nas prisões nordestinas eram tão recorrentes que o presidente Castelo Branco incumbiu o chefe do gabinete militar, general Ernesto Geisel, futuro presidente, de investigar a situação. Depois de constatados os abusos, o comandante da IV Região Militar, em Recife, recebeu ordens para tomar providências. Particularmente lamentável foi o caso do líder comunista Gregório Bezerra, em uma cena até hoje lembrada em foto perturbadora: preso em um quartel, sentado no chão, com roupas rasgadas, vigiado por um militar armado.

O golpe de 1964 pôs Callado na oposição. Logo em seguida, o escritor se sentiu estimulado a incorporar a crítica ao regime a seu trabalho. A redação de *Quarup* resultou dessa tomada de posição. O livro constituiu um salto de qualidade na sua obra. O autor adotaria no romance uma forma de literatura politicamente engajada, uma novidade em nosso meio, mas já em voga em outros países, como a França, desde o segundo pós-guerra. Callado acompanhou a mudança de ânimo dos intelectuais oposicionistas, no momento seguinte ao golpe militar. Na época da elaboração do livro, a cena cultural estava praticamente ocupada por manifestações de oposição ao regime. Àquela altura não era mais possível retomar a linha de projetos definida antes de 1964, nos moldes dos Centros Populares de Cultura (CPCs), ligados à União Nacional dos Estudantes (UNE), entidade posta na ilegalidade em abril de 1964. Houve uma reorientação, resultante da impossibilidade de continuar a fazer arte para sindicatos, entidades estudantis e outras instituições públicas, que promoveu o deslocamento das iniciativas culturais de oposição para os teatros das regiões favorecidas do Rio de Janeiro e de São Paulo. Nesses ambientes relativamente protegidos, um grupo de dramaturgos, músicos e atores foi responsável pela invenção de um gênero de teatro musical com conteúdo político, que floresceu em várias direções.[9]

No fim de 1964, o espetáculo *Opinião*, de autoria de Oduvaldo Vianna Filho, o Vianinha, Armando Costa e Paulo Pontes, foi montado no Rio, com muito sucesso, estrelado por Nara Leão (que seria substituída, em seguida, pela estreante Maria Bethânia), Zé Keti e João do Vale, com direção de Augusto Boal. Poucos meses depois, em abril de 1965, foi a vez de *Liberdade liberdade*, no mesmo teatro de Copacabana. Escrita por Millôr Fernandes e Flávio Rangel, a peça recorreu a uma colagem de textos com o tema da liberdade para, de forma indireta, se referir ao ambiente político da época. *Se correr o bicho pega, se ficar o bicho come*, de Ferreira Gullar e Vianinha, foi outra montagem do grupo Opinião, em 1966. Em São Paulo, em 1965, com música de Edu Lobo e texto de Gianfrancesco Guarnieri e Augusto Boal, estreou *Arena conta Zumbi*. Quase dez anos depois de *Pedro Mico*, de Callado, a peça ressaltava a importância de Zumbi dos Palmares no papel de herói de uma revolta popular. Ainda em São Paulo, surgiu outra vertente de arte de contestação com o Teatro Oficina, que em 1967 montou *O rei da vela*, de autoria de Oswald de Andrade, com direção de José Celso Martinez Corrêa, que passaria a ser um ícone da intelectualidade.

Também o ambiente editorial estava agitado e politicamente mobilizado naqueles anos. O empreendimento que melhor caracterizou essa situação foi o lançamento da *Revista Civilização Brasileira*, que durou de março de 1965 a dezembro de 1968, tendo lançado 22 números. O conselho editorial, dirigido por Ênio Silveira, reunia figuras da esquerda, não necessariamente ligadas ao Partido Comunista. Textos de importantes autores foram traduzidos – de Gramsci, Sartre, Adorno, Lukács, Erich

9   Cf. F. Marques, *Com os séculos nos olhos: teatro musical e político no Brasil dos anos 1960 e 1970.*

Fromm, Marcuse e Althusser. Destacados escritores, como Leandro Konder e Nelson Werneck Sodré, e artistas colaboraram na revista. Glauber Rocha publicou uma versão do manifesto "Uma estética da fome". A revista não cobria apenas literatura e arte, mas trazia ensaios sobre a atualidade da política mundial, num momento em que a discussão sobre a política local estava vedada. No número 15, de setembro de 1967, Ferreira Gullar fez uma entusiasmada resenha de *Quarup*. Embora se opusesse à solução política radical defendida pelo livro, Gullar avaliava que, àquela altura, todo escritor devia se comprometer com a transformação social. Para o poeta, havia no livro a manifestação subterrânea de forças que tinham desaparecido de vista com o golpe de 1964. Ressaltava uma passagem que se referia ao fato de, ao longo da história, Nando, o personagem central, se despir de todas as noções recebidas até chegar à opção final, em um processo chamado por Callado de deseducação.

O filme *Terra em transe*, de Glauber Rocha, é do mesmo ano de *Quarup*. Trata-se de uma fascinante alegoria da vida política brasileira e está próximo, no aspecto formal, das montagens do Teatro Oficina e das primeiras manifestações do tropicalismo, daquele mesmo ano. Em seu propósito de reconstituição da história recente, tinha afinidade com *Quarup*, inclusive quando discutia os impasses enfrentados pelos setores da esquerda.

Callado e Glauber estiveram juntos em um episódio de novembro de 1965, que motivou sua prisão por algumas semanas. Um grupo formado pelos dois, e pelo embaixador Jayme Azevedo Rodrigues, Carlos Heitor Cony, Márcio Moreira Alves, Flávio Rangel e os cineastas Joaquim Pedro de Andrade e Mário Carneiro – que ficou conhecido como "Os oito do Glória" –, fez uma manifestação em frente ao Hotel Glória, no Rio de Janeiro, onde ocorria uma reunião da Organização dos Estados Americanos (OEA), a que compareceu o presidente Castelo Branco. Todos foram levados para o quartel do exército, na rua Barão de Mesquita, na Zona Norte da cidade. Conta-se que Callado continuou a escrever *Quarup* e Cony, um novo romance. Mário Carneiro e Glauber Rocha tinham material para desenhar e registraram esse momento no papel. Uma cena impossível de acontecer, depois do AI-5, alguns anos depois.

As ideias principais

Ao começar a redação de *Quarup*, Callado trazia as preocupações que motivaram seu trabalho como escritor e jornalista. As principais delas diziam respeito aos movimentos de revolta popular; à revisão, à esquerda, da história brasileira; à dimensão utópica dos projetos de formação do país; à definição do caráter nacional e à busca de uma relação amorosa plena.

Em sua viagem a Pernambuco, em 1963, Callado notou que em alguns movimentos sociais, inclusive as Ligas Camponesas, ressurgiram componentes messiânicos que marcaram diversas manifestações populares na história do país, em particular no Nordeste, como em Canudos e no culto do padre Cícero. O escritor já tinha tratado desse assunto em seu primeiro romance, *A assunção de Salviano*, e ele retornaria outras vezes. Callado nunca foi um homem de partido. Teve sempre simpatia pelas insurreições espontâneas, que lhe pareciam também mais apaixonadas. Assim, não surpreende que a trajetória dos principais personagens de seus romances, como o Nando de *Quarup*, seja marcada pela coincidência da adesão a um movimento espontâneo de contestação política e da busca da realização amorosa.

Guarda afinidade com essa primeira preocupação a valorização, pelo escritor, de heróis de uma história não oficial do país, como o líder negro Zumbi dos Palmares, reencarnado, na sua peça, no bandido carioca Pedro Mico. Na época em que *Quarup* foi escrito, havia um interesse geral em rever e valorizar, de forma mais ou menos ingênua, as figuras do malandro e do marginal, que ganhavam o perfil de um justiceiro social. Esta preocupação esteve presente no espetáculo musical *Pobre menina rica*, com as belas canções de Carlos Lyra e Vinicius de Moraes, de 1963, e, em outro extremo, em *Deus e diabo na terra do sol* (1964), de Glauber Rocha, no personagem do cangaceiro Corisco. Outros episódios da história brasileira foram recuperados, como as Missões Jesuíticas do século XVII, apresentadas como uma forma autóctone de sociedade comunista. Nando, quando era ainda padre Nando, no início de *Quarup*, em suas conversas com os amigos ingleses Leslie e Winifred, de maneira deliberadamente exagerada, avalia aquela experiência como "maior do que qualquer das utopias abstratas já escritas".[10] É possível que Callado tenha usado o livro sobre a república guarani, de Clovis Lugon, publicado na França alguns anos antes, para expor as opiniões do seu personagem.[11]

Callado tinha simpatia pelas propostas utópicas que, para ele, sempre contêm uma crítica da situação vigente. Na história do pensamento ocidental, desde a filosofia grega, houve várias formulações utópicas, algumas mencionadas explicitamente pelo escritor, como os diálogos *Timeu* e *Crítias*, de Platão, que se referem à Atlântida, um continente desaparecido, mas de que os egípcios ainda teriam notícia. No período moderno, as utopias de Thomas More, de Campanella e de alguns socialistas no século XIX assumiram essa função crítica destacada por Callado. Elas foram vistas como a a crítica e, mesmo, a negação do presente e propunham um desafio à sua realização. Especialmente no Brasil, houve outras fontes que Callado pode ter conhecido. Uma delas é a narrativa da existência das minas de prata no interior do país, de que se tem notícia desde o período

10 A. Callado, *Quarup*, p. 20.
11 C. Lugon, *A república comunista cristã dos guaranis* [*La république communiste chrétienne des Guaranis*].

colonial, e que teriam despertado a cobiça dos bandeirantes paulistas. O assunto foi abordado pelo escritor romântico José de Alencar em um de seus romances e recebeu comentários críticos do pensador Graça Aranha, um dos antecessores dos modernistas. Ele denunciou a mentalidade fantasiosa do brasileiro como responsável pela apatia da nossa população.

Outra fonte luso-brasileira formadora de utopias foi o sebastianismo, de que o padre Antônio Vieira foi um dos defensores. O sebastianismo, em um primeiro momento, representou para os portugueses uma reação contra o domínio espanhol no período de 1580 a 1640. O retorno esperado de dom Sebastião, o Encoberto, morto na batalha de Alcácer-Quibir, em 1578, ganhou novo significado na obra de Vieira. O jesuíta acreditava que Portugal fundaria o Quinto Império, que seu rei dominaria o mundo secular, enquanto o papa seria o chefe espiritual. A evangelização dos povos indígenas no Brasil teria um papel nessa utopia. Muitos elementos do sebastianismo prosperaram em vários episódios messiânicos no país. Nos anos 1960, estudos universitários foram dedicados ao assunto, entre eles *O messianismo no Brasil e no mundo*, de Maria Isaura Pereira de Queiroz, de 1965.[12]

Todas essas preocupações deram vida a *Quarup*. Também dependeu delas o compromisso do livro com a crítica da ordem vigente: o regime militar. Callado acreditava que forças latentes nos movimentos sociais, de conteúdo messiânico, atuantes em alguns capítulos de uma história alternativa do Brasil, e também as formulações dos utopistas, poderiam ser mobilizadas para contrariar o curso que vinha tomando a história recente do país. Callado sempre foi um escritor atento a tudo o que se passava, o que era inevitável, no caso de um jornalista, mas somente depois de 1964, ao escrever *Quarup*, sua obra iria adquirir um sentido claramente militante.

12 M. I. P. de Queiroz, *O messianismo no Brasil e no mundo*.

O livro

A primeira edição de *Quarup* tinha uma capa atraente, feita pelo artista gráfico Marius Bern, em que o vermelho predominava, mostrando uma seta apontando para um círculo. Seria uma alusão ao centro do país buscado pela expedição relatada no romance? Ou à solução política indicada no final?

Em termos históricos, a trama vai do suicídio do presidente Getúlio Vargas, em 1954, até o golpe militar de 1964. O livro é dividido em sete capítulos. O primeiro e os três últimos se passam no Recife, em datas diferentes: 1954 e 1964. O segundo capítulo se passa no Rio, durante os preparativos para a expedição ao Xingu. O núcleo do livro são os capítulos 3 e 4, que tratam da viagem ao centro geográfico do país.

O capítulo "O ossuário" abre o livro narrando a vida do padre Nando, em um convento no Recife, envolvido em seus vários dramas: o conflito da vida religiosa com os apelos do mundo secular, do voto de castidade com a intensa sensualidade, da tranquilidade do estado contemplativo com o desejo de partir para o mundo. Alguns personagens são apresentados: dom Anselmo, o superior do convento; os amigos ingleses Leslie e a mulher, Winifred, com quem Nando se inicia sexualmente; Hosana, um padre de caráter vacilante, que vai ser recuperado no final do romance; e o casal Levindo e Francisca – ele, um ativista das lutas camponesas, ela, uma artista, que desperta a paixão do protagonista, vivida até o final do livro. A primeira referência à ideia de uma viagem até o Xingu, no centro geográfico do país, é feita por Levindo. Lá ele recolheria uma porção de terra que seria levada para o sindicato camponês de Palmares e nela seria fincada a bandeira da revolução.

"Éter", o segundo capítulo, relata um momento de queda. Transcorre no Rio de Janeiro, onde Nando aguarda a partida para o Xingu, em um contexto de crise moral, corrupção, abuso de drogas e confusão nas experiências de sexo. Dois personagens se definem em oposição: Ramiro, o chefe do Serviço de Proteção aos Índios (SPI), um homem devasso e pouco comprometido com sua função, e Fontoura, a figura do indianista romântico, herdeiro dos ideais de Rondon. Mais personagens são agregados, os quais comporão o núcleo da expedição.

O terceiro capítulo, "A maçã", o primeiro ambientado no Xingu, é pontuado por passagens relativas à crise do governo de Getúlio Vargas, em 1954, até seu suicídio. Em algum momento se comenta a possibilidade de uma viagem do presidente à região, em uma espécie de recuo estratégico. O grupo fica abrigado em um posto do Serviço de Proteção ao Índio, aguardando a partida para seu destino – o centro geográfico do país. Ocorre uma primeira defecção: Sônia, por quem Ramiro, o chefe burocrata, se apaixonara, foge para a mata com o índio Anta e desaparece para sempre. O capítulo narra em detalhes a festa do *quarup*, em uma das mais belas passagens do livro, na qual Callado certamente usou as impressões da sua viagem de alguns anos antes. Articulam-se, de forma muito bem-sucedida, a descrição do ritual, que gira em torno da ressurreição de um chefe e herói, o noticiário do suicídio de Vargas e a narrativa da escapada de Sônia e do índio Anta para o interior da mata.

"A orquídea" é o capítulo central do livro. Nando toma conhecimento da morte de dom Anselmo e de Levindo, que tombou morto em um enfrentamento com a polícia, na invasão de um engenho em Pernambuco. O caminho para um encontro com Francisca, agora sozinha, fica aberto. De fato, pouco tempo depois, ela chega em um avião do Correio Aéreo, com outros membros da expedição. Nando e Francisca iniciam um romance, mesmo que ela ainda se declare apaixonada por Levindo. Também tem início a expedição para chegar a dez graus e vinte minutos ao sul do equador e 53 graus e doze minutos a oeste de Greenwich, perto da cachoeira de Von Martius.

O capítulo contém o ponto mais alto da trama amorosa do livro. A cena do encontro de Nando e Francisca, na beira de um rio, cobertos por orquídeas brancas foi redigida com muita emoção:

Ela colocara a mão no braço de Nando ao descobrir, contornada a ilha, a vereda de orquídeas que surgia ofertando-se à proa da ubá. E ali ficou sua mão à medida que a canoa prosseguia, que as orquídeas desciam pelas árvores, que o furo ia pouco a pouco se afunilando. Quase de si mesma a ubá se encostou à margem direita do furo e Nando e Francisca saltaram enlaçados pela cintura. Mais para dentro da margem havia orquídeas claras, quase brancas. Nando e Francisca não falaram. Apenas se voltaram um para o outro, braços abertos, e o breve instante em que se separaram foi para deixarem cair no chão as roupas sobre as quais se deitaram debaixo de orquídeas pálidas, separadas do rio por um cortinado de orquídeas coloridas.[13]

A viagem continua e, aos poucos, vai se tornando um inferno. Os mantimentos escasseiam, os índios encontrados no caminho são agressivos ou estão moribundos, atacados de sarampo, e os próprios membros da expedição adoecem.

Chega-se afinal ao ponto que se buscava – o centro geográfico do Brasil. É a passagem do livro de maior intensidade dramática. Descobre-se que o centro geográfico está situado em um imenso formigueiro. Todos se afastam, ficando só Fontoura, o indigenista já muito doente, e Francisca, que procura ajudá-lo. Em dado momento, o homem se arrasta até o ponto demarcado, põe o ouvido no chão e Francisca o acompanha. Fontoura, já coberto pelas saúvas, se dirige à mulher:

13 A. Callado, op. cit., p. 261.

40

— *Está ouvindo?* — *disse Fontoura.*
— *O quê?*
— *O coração.*
— *Estou ouvindo* — *disse Francisca.*

Francisca, com o rosto deitado sobre as formigas enlouquecidas, "sentia viva e feroz a terra de Levindo".[14] Em seguida, ela consegue arrastar Fontoura até um tronco de árvore a alguma distância. Nando a encontra desacordada, tendo no colo Fontoura já morto. O mastro onde deveria ser hasteada a bandeira brasileira tem que ser fixado em outro ponto, só que como ela já não é mais encontrada, usam em seu lugar um vestido surrado da namorada perdida de Ramiro. A expedição é localizada e resgatada por um avião do Correio Aéreo. Por ironia, a cena se passa na época em que Jânio Quadros renunciou à presidência da República.

Nos três capítulos seguintes, "A palavra", "A praia" e "O mundo de Francisca" – o final do livro –, Nando está de volta ao Recife. Neles, Callado faz uso do que aprendeu com as viagens ao Nordeste em 1959 e 1963. "A palavra" começa nos meses que antecederam o movimento militar de abril de 1964 e vai até os dias que se seguiram, com a dura repressão que se abateu na região. Alguns personagens são figuras que Callado conheceu nas viagens como jornalista. Januário é Francisco Julião, o dirigente das Ligas Camponesas. Nando se torna seu amigo e tem com ele conversas decisivas para o andamento do romance. Januário acha justo o recurso à violência na política, nos moldes do que tinha acontecido em Cuba. Nando reage: "Você faça o que quiser, vire os fatos como entender, escolha o caminho que lhe aprouver. Mas existe na violência um horror próprio, um elemento negativo inaceitável." Justifica sua posição em termos religiosos: "Quer dizer que neste mistério que é o homem a pre-

---

14   Ibid., p. 309.

sença divina só admite a violência do amor."[15] Januário não lhe dá ouvidos. Enquanto isso prossegue o romance com Francisca. Ela participa do programa de alfabetização de adultos e está envolvida com política. Pouco depois é obrigada a deixar o país.

Miguel Arraes é o tempo todo mencionado; também os comunistas aparecem na figura de Otávio. Uma passeata é organizada pelas Ligas Camponesas, mas já era tarde demais; tinha havido o golpe e a polícia intervém. O governador, Januário e Nando são presos. O personagem do coronel Ibiratinga, mencionado no início do livro, reaparece, agora, como o responsável pela tortura dos presos políticos. O livro faz uma descrição detalhada de uma sala de torturas. Nando é submetido ao choque elétrico e à câmara frigorífica, mas fica claro que o tratamento dispensado a ele e a outras figuras importantes é muito menos cruel do que o infligido aos camponeses pobres, como Manuel Tropeiro. O próprio coronel explica a situação: "- Em lugar de arrancar a verdade a Januário que inventou as Ligas Camponesas tenho de arrancá-la a pobres camponeses. Em lugar de estudar a corrupção da Igreja arrancando-a de você ou de padre Gonçalo, tenho de me contentar com esse pobre André",[16] um personagem secundário na trama.

Nando é libertado e se dirige à sede do sindicato camponês que fora invadido pela polícia. Busca o mastro fincado na terra trazida do Xingu, diante do qual tinha sido fixada uma placa com os dizeres: "Terra do Centro Geográfico do Brasil. À memória de Levindo, amigo dos camponeses." Para sua surpresa, ela havia sido trocada por outra: "Terra do Centro Geográfico do Brasil. Viva a Revolução. 31 de março de 1964." Concentrado, sem olhar para os lados, Nando abre a braguilha da calça e mija pausadamente sobre a placa.

15 Ibid., p. 352.
16 Ibid., p. 382.

Em "A praia" e "Mundo de Francisca" Nando está instalado em uma casa na praia, que se torna um centro de encontros políticos e amorosos. "A praia" tem um efeito correspondente ao do segundo capítulo, "Éter", que acontece no Rio. Os dois se passam em ambientes de orgias e bebedeiras, só que, enquanto no início do livro as cenas são descritas em um registro negativo, em "A praia" elas têm o sentido de congraçamento e de liberação. Tudo se encaminha para a grande festa organizada por Nando, para lembrar os dez anos da morte de Levindo, a que comparecem seus numerosos e diferentes amigos: pescadores, líderes políticos, prostitutas, vizinhos. É como se um banquete antropofágico estivesse sendo preparado, no qual Nando vai devorar Levindo para absorver sua personalidade.

Ao mesmo tempo, uma manifestação de apoio ao regime militar, como as que eram feitas em nome dos valores da tradição, da família e da religião e contra o comunismo, protegida pela polícia, é organizada no centro de Recife. A festa de Nando é denunciada como subversiva e termina sendo invadida. Policiais atacam os convidados e Nando é surrado e arrastado até a beira do mar, escapando por pouco de ser morto. Nando, cego de um olho, é resgatado por amigos que o levam para um sítio distante, onde atravessa uma lenta recuperação.

O livro caminha para o final. Nando, já recuperado, volta a sua casa em busca de cartas de Francisca. Lá chegando, é de novo atacado. Só que dessa vez reage, com o auxílio do amigo Manuel Tropeiro, um ativista das Ligas Camponesas, e dois policiais são mortos. Nando escapa e toma a decisão de aderir à guerrilha no sertão. Parte clandestinamente com Manuel Tropeiro e faz a revelação que fecha o livro: vai adotar o nome de Levindo, nessa fase da vida de luta que se inicia.

Nando reviu a posição que o opunha a Januário/Julião quanto à adesão à resistência armada. A aproximação e a identificação com Levindo tem esse significado. Nando tornou-se um guerrilheiro. Além disso, essa solução representa a única maneira de estar junto de Francisca, ainda que não fisicamente. Há uma motivação amorosa na sua opção, mas existem ainda outras. Nando está reagindo às agressões que sofreu: foi torturado quando esteve preso no quartel, foi espancado e atirado na praia, no episódio da festa em sua casa, e foi atacado quando voltou para recolher as cartas de Francisca. Há ainda outro motivo para essa incitação à violência: depois de ter perdido todas as ilusões, todas as referências, Nando já não tem em que se apoiar. *Quarup* é, de fato, um romance de deseducação, como é afirmado na penúltima página, no momento em que o personagem parte a cavalo para a guerrilha: "Sua deseducação estava completa."

No ano da publicação de *Quarup* foram reforçadas legalmente, na Constituição promulgada para dar base jurídica ao regime, as restrições à publicação de livros e a todas as manifestações culturais. Na verdade, a publicação do livro se beneficiou da atuação ainda desordenada da censura, que durou até 1968. Apesar da prisão do editor Ênio Silveira, do confisco de livros nas livrarias, da decretação, em outubro de 1965, do AI-2 que tinha alterado a Constituição de 1946, de forma a tornar mais estrito o controle das publicações, o governo militar estava, naquele momento, mais ocupado com a repressão de possíveis reações ao novo regime do que com livros de circulação limitada a um público relativamente pequeno.

Depois de *Quarup*

Todo este cenário seria alterado com o AI-5, de 13 de dezembro de 1968, que instaurou um dos períodos mais sombrios da história do país. O AI-5 fechou o Congresso, suspendeu direitos políticos e o *habeas corpus* para crimes de natureza política, proibiu manifestações públicas, garantiu ao presidente o poder de intervenção nos estados e municípios. Nos anos seguintes, um decreto-lei instituiu a pena de morte para crimes de guerra revolucionária ou subversiva, e, em 1970, foi criada a censura prévia para toda a produção editorial.

Os acontecimentos de 1967 e 1968 explicam o endurecimento do regime. Ao longo desses dois anos, os estudantes ocuparam as ruas do Rio de Janeiro e de outras cidades no país, em passeatas cada vez mais concorridas, das quais a mais importante foi a dos Cem Mil, no final de junho de 1968, no Rio de Janeiro. Desde 28 de março daquele ano, como reação à morte do estudante Edson Luís pela polícia, no Centro carioca, as manifestações se intensificaram. O enterro do estudante foi acompanhado por uma multidão de mais de 50 mil pessoas, desde o centro da cidade até o Cemitério de São João Batista, em Botafogo. Uma semana depois, a tensão aumentou, quando, ao término da missa de sétimo dia, na Igreja da Candelária, a polícia avançou sobre os estudantes com a cavalaria. Houve confrontos ao longo do mês, com os estudantes armados com coquetéis molotov, paus e pedras, culminando no incêndio de uma viatura do exército. A passeata dos Cem Mil foi um sucesso, obrigando o presidente Costa e Silva a receber uma comissão que reivindicava a libertação de estudantes presos nas manifestações anteriores. A comissão, entretanto, chegou politicamente dividida ao Palácio do Planalto e a reunião foi um fracasso. A esquerda já se dispersara em várias facções: havia uma ala moderada, que incluía o Partido Comunista, e uma diversidade de organizações radicais, que defendiam uma oposição armada ao regime, mas que pouco se entendiam.[17]

O movimento estudantil, o fato político mais importante dos anos 1967 e 1968, não foi assunto de Callado em nenhum de seus livros. Mas o ambiente dos grupos que optaram pela luta armada, a repercussão de suas ações e a dura repressão que se

17 *Brasil nunca mais*, parte 3, item 9.

abateu sobre eles ocuparam o escritor em três romances: *Bar Don Juan* (1971), *Reflexos do baile* (1976) e *Sempreviva* (1980). A reação do escritor às opções da esquerda foram muito críticas nesses três livros.

O personagem Nando, no final de *Quarup*, também fez uma opção pela guerrilha, que tinha tido focos na zona rural, desde o início dos anos 1960. O que distingue a situação de 1968 foi que a repressão aos movimentos de massa, que tinham à frente estudantes e intelectuais, levou a um recuo dos militantes para o interior das organizações e, logo, à adoção de formas militaristas de oposição, o que significava uma reação armada. Nessas condições, tiveram que passar a viver na clandestinidade, em "aparelhos" com pouquíssima segurança.

Tantas foram as organizações de oposição ao regime surgidas naquele momento, com diferentes siglas, que fica difícil para o leitor de hoje entender o que distinguia umas das outras. O relatório *Brasil: nunca mais* lista cerca de cinquenta grupos atuantes no período imediatamente posterior ao AI-5.[18] No campo da esquerda comunista havia o PCB, que sempre se opôs a uma saída armada, e era, também por esse motivo, chamado de "reformista". Uma declaração de Armênio Guedes, um de seus líderes na época, afirmava que

os assaltos a bancos, os golpes de mão e outras formas de ação postas em prática por pequenos grupos desligados das massas, enfim, o emprego indiscriminado da violência, embora compondo objetivamente o quadro da oposição, não deixam, apesar de seu suposto caráter revolucionário, de desservir à resistência e de dificultar a organização da frente única de massas contra a ditadura.[19]

18 Ibid., p. 211-214.
19 P. Markun, op. cit., p. 102, v. 2.

A declaração sugere que as organizações políticas mais à esquerda se encontravam isoladas da população que pretendiam representar. Enquanto suas ações ruidosas eram logo reprimidas e censuradas na imprensa, a multidão comemorava nas ruas a vitória na Copa do Mundo de 1970 e o ditador Emílio Garrastazu Médici era aplaudido nos estádios. Na mesma época, os para-brisas dos carros estampavam um adesivo em que se lia: "Brasil: ame-o ou deixe-o."

Os grupos que defendiam uma solução armada se dividiam em várias direções. Havia os que adotaram a via chinesa, como o PCdoB e a Ação Popular (AP), o primeiro, uma dissidência do PCB, e o segundo, uma derivação da Ação Católica, que apostavam que uma longa marcha vinda do campo haveria de libertar o país do capitalismo. Havia os adeptos das teses de Che Guevara, que defendiam a guerrilha rural, e outros grupos que recorriam a ações armadas nas cidades, como assaltos a bancos e sequestros.

A polícia não teve dificuldades para desbaratar essas redes muito pequenas. O uso da tortura para obter informações tornou-se comum. A prisão de militantes, inclusive de lideranças, levou a uma série de operações de resgate que consistiam no sequestro de diplomatas para serem trocados pelos prisioneiros. O primeiro foi o do embaixador americano, Charles Elbrick, em setembro de 1969. Seguiram-se os do cônsul do Japão, Nobuo Okuchi, em São Paulo, e dos embaixadores alemão, Ehrenfried Von Holleben, e suíço, Enrico Bucher, ambos no Rio.

Finalmente, os órgãos de segurança, especialmente os DOI-Codi (Destacamento de Operações de Informações e Centro de Operações de Defesa Interna), criados em 1970, tendo como modelo a Operação Bandeirante (Oban), já existente em São Paulo, puseram fim às ações em geral improvisadas e pouco seguras destes grupos aguerridos. Nessa mesma época, a coordenação dos serviços de repressão passou a ser atribuição do exército. Mais da metade dos processos movidos contra as organizações clandestinas concentrou-se em 1969, 1970 e 1971. As mortes de dois importantes líderes, Carlos Marighella e Carlos Lamarca, são como marcos dessa história desastrosa. Em novembro de 1969, Marighella foi metralhado em uma escaramuça da polícia, em um bairro de São Paulo, quando ia ao encontro de dois companheiros já presos, que serviram de isca. Em setembro do ano seguinte, Lamarca foi abordado no sertão da Bahia, para onde fugira, e abatido pelas costas. Não é o caso de descrever todas as "quedas" ou prisões ocorridas até meados da década de 1970, quando militantes do Partido Comunista Brasileiro (PCB) foram eliminados, por iniciativa da linha dura militar que se opunha à proposta de distensão do governo do presidente Ernesto Geisel (1974-1979).

O livro *Bar Don Juan* (1971) retrata este momento, e tem, de algum modo, semelhança com *Quarup*. Ambos são relatos de viagens que começam nos grandes centros, vão até o interior do país e, em seguida, retornam. Nos dois casos, são viagens malogradas. Mas termina aqui a proximidade. Nando, de *Quarup*, mantém íntegro seu caráter, apesar de todos os percalços. Os personagens de *Bar Don Juan*, com exceção de Laurinha, salva ao final do livro, estão contaminados desde o início. Alguns são cínicos, outros são covardes, há ainda torturadores, devassos e traidores. Quase ninguém é poupado. Nunca se fez um retrato tão desanimador da esquerda no país. A epígrafe do primeiro capítulo, que aborda o ambiente em que vivem os personagens, antes de empreenderem a viagem, é uma passagem do poeta W. H. Auden: "Quando o processo histórico se interrompe... quando a necessidade se associa ao horror e a liberdade ao tédio, a hora é boa para se abrir um bar."

O livro se passa no final dos anos 1960 e retrata as experiências de um grupo de jovens da Zona Sul do Rio de Janeiro que planeja organizar a resistência armada no interior e encontrar Che Guevara na Bolívia. Tudo dá errado nessa aventura tresloucada e suicida. Alguns personagens sentem prazer em assaltar

bancos, outros escolhem a marginalidade, outros são torturadores brutais. Quase todos acabam mortos pela polícia ou justi-
çados. A obra é uma terrível caricatura, mas que pode não estar
longe do que de fato aconteceu, de acordo com relatos de militantes da época. Os depoimentos de alguns deles, como os de
Fernando Gabeira e de Alfredo Sirkis, dão conta da abnegação
desses jovens, mas também do seu despreparo.[20]

Reflexos do baile (1976) foi considerado por Callado seu melhor livro. Aborda o período da história brasileira em que ocorreram os sequestros de diplomatas estrangeiros trocados por
prisioneiros políticos. Os estrangeiros são os protagonistas.
Callado tem uma maneira muito atraente de contar a história.
Imagina a correspondência e os diários desses personagens,
mantendo inclusive uma versão em inglês, no caso dos embaixadores inglês e americano, e acrescenta as traduções, como se
fossem notas explicativas. Aparecem também os sequestrado-
res e seus perseguidores. O livro tem ótimo resultado, ao assumir o ponto de vista dos vários personagens, apenas com o
recurso da reprodução de suas falas. Há uma paródia do Conse-
lheiro Aires, de Machado de Assis, ao traçar o perfil de um dos
embaixadores, que talvez se encaixe na visão que o escritor tinha de si mesmo. De fato, como obra literária, *Reflexos do baile*
é o livro mais elaborado do escritor, mas não tem, com certeza,
o mesmo impacto de *Quarup*.

O último livro de temática política foi *Sempreviva* (1981). Seu
assunto é a tortura: a verdadeira chaga da história política do
país. O tema já tinha sido abordado em *Quarup*, na cena da
prisão de Nando em Recife, logo depois do movimento militar
de 1964. *Sempreviva* narra a história da desforra de um exi-
lado político que volta ao Brasil para eliminar o torturador que

---

20 Cf. A. Sirkis, *Os carbonários: memórias da guerrilha perdida*; e F. Gabeira, *O que é isso, companheiro?*

assassinara sua mulher. De novo, o ambiente do interior do país está presente, mas não há nada de idílico na paisagem: ela é dura, agressiva. São rudes também os retratos dos personagens, a começar pelo de Claudemiro, o torturador sanguinário. É pena que um excesso de experimentalismo prejudique a exposição da trama e o livro soe, frequentemente, artificial.

Depois de seu último romance político, Callado voltou ao mundo dos índios e, mais tarde, em seu último livro, *Memórias de Aldenham House* (1989), quis revisitar seu passado. O índio reaparece em *A expedição Montaigne* (1982) e em *Concerto carioca* (1985). Talvez o escritor já não esperasse mais nada das revoluções dos brancos e pensasse que a intromissão de um outro mundo, o dos indígenas, mesmo na forma de uma fantasia, pudesse sugerir uma alternativa a tudo que se passava. Essa intromissão se deu em duas direções. *A expedição Montaigne* imagina uma revolução feita pelos índios, que teria por propósito a retomada dos traços originais do país. *Concerto carioca* faz o caminho inverso. Um índio adolescente é trazido para a cidade grande e promove uma alteração na vida de todos com que entra em contato. A trama lembra o filme *Teorema*, de Pasolini, realizado alguns anos antes. Jaci, o personagem, é hermafrodita, dotado dos órgãos sexuais masculino e feminino – uma formulação que possivelmente revela a dificuldade do autor de dar conta, sem preconceitos, da diversidade de expressões da sexualidade, reduzindo-as ao aspecto anatômico. De novo, o livro acaba mal, com a morte do jovem herói, numa esquina do Jardim Botânico, no Rio de Janeiro, um local onde o próprio autor gostava de passear. Ao final, restou o mergulho no passado, em *Memórias de Aldenham House* (1989), que se inspira nas recordações dos tempos na Inglaterra, durante a guerra, seguindo a vida de um grupo de amigos desde aquela época até os dias atuais.

O valor histórico de *Quarup* é inegável. O livro poderia ser adotado nos cursos de História do Brasil, constituindo uma importante contribuição para se compreender a trajetória política do país, desde o fim do governo Vargas, em 1954, até o golpe militar de 1964 e os meses seguintes. O fato de se tratar de uma obra de ficção, em vez de prejudicar, provoca novas abordagens daquele período. *Quarup* é também um depoimento sobre a época em que foi escrito, momento imediatamente após o movimento militar. Nando, o mais forte personagem criado por Antônio Callado em toda a sua obra, manifesta a perplexidade, as frustrações e as reações do autor e dos grupos de oposição ao novo regime. A abordagem muito circunscrita – afinal, o foco do livro está em um pequeno grupo – não é uma limitação, mas possibilita aprofundar em detalhe o exame deste capítulo conturbado da história do país. *Quarup* é uma obra engajada. A noção de engajamento foi difundida por Jean-Paul Sartre em *O que é a literatura?* (1947), tendo exercido forte influência na geração de intelectuais a que Callado pertenceu. Para Sartre, a prosa, à diferença da poesia, tem o dever de assumir um compromisso com seu tempo. Para o filósofo, a prosa é uma forma de falar e a palavra se desdobra em ação. Com *Quarup*, Callado pretendeu intervir no debate político e o público acolheu o livro reconhecendo essa intenção. Seu sucesso se deveu em grande parte a isso.

O que torna *Quarup* um livro singular é que ele incorpora o propósito de contestação do regime vigente e reivindica a implantação de uma nova ordem, mas, ao mesmo tempo, põe em dúvida a possibilidade de realização dessas aspirações. Isso provoca a tensão que sustenta a trama do romance, até seu desfecho. Sem abandonar uma perspectiva militante, o escritor também se deu conta de que todos os caminhos para concretizar os projetos libertários estavam bloqueados. Os sonhos de Nando/Callado não se realizaram. Eles foram vários. Houve o da revolução social que deveria atualizar a aspiração dos movimentos populares presentes ao longo da história. Callado relacionou as Ligas Camponesas a Canudos e ao messianismo ainda vivo entre os pobres do Nordeste. Julião foi banido do país e as Ligas foram dissolvidas. Também a utopia de uma civilização baseada em elementos autóctones – os indígenas – não deu resultado. Os índios foram dizimados pelo sarampo, pela cachaça e pelos brancos. E o centro do país, que deveria representar a identidade brasileira, não passava de um vasto formigueiro. O que fazer depois de tantas frustrações? Àquela altura, Nando/Callado só via como alternativa a luta armada. O livro termina com um apelo à ação, que é mais uma reação às agressões sofridas e ao fracasso de todos os projetos. E o que dizer do amor? Francisca ama Levindo, Nando ama Francisca. Ela escapa. O único modo de tê-la é adotando o nome de Levindo, o revolucionário, em uma fantasia irrealizável.

Dez anos depois da morte de Callado foi feito um filme em sua homenagem, dirigido por José Joffily, *A paixão segundo Callado*.[21] Além de fotos e cenas de outros filmes, o documentário contém vários depoimentos. São falas de amigos, da mulher, a jornalista Ana Arruda, de uma das filhas, a atriz Tessy Callado (que lembra o suicídio da irmã Tony, em 1980), e dos netos. Foi uma oportunidade de celebrar a personalidade e a obra do escritor. O conjunto guarda certa formalidade. Apenas na fala da viúva e no depoimento de João Ubaldo Ribeiro menciona-se o pessimismo do escritor, mas isso não leva a maiores questionamentos. Seus sonhos frustrados, a avaliação dura dos movimentos de esquerda não aparecem. Talvez porque essa abordagem exigisse uma revisão da história recente que, no momento da realização do filme, não interessava. Apenas um depoimento destoa, de um jovem, Júlio Callado, um dos netos do escritor, que afirma que sua geração já não se reconhecia na literatura do avô. Sua declaração sugere a possibilidade de uma tomada

---

21 *A paixão segundo Callado*. Direção: José Joffily, 2007. *Quarup* também foi adaptado para o cinema por Ruy Guerra, como *Kuarup*, em 1989.

de distância, o que seria a primeira exigência para a compreensão do que se passou naqueles tempos sombrios. Isto feito, se apresentaria a possibilidade de perguntar-se de que maneira as experiências daquela época ainda reverberam nas nossas.

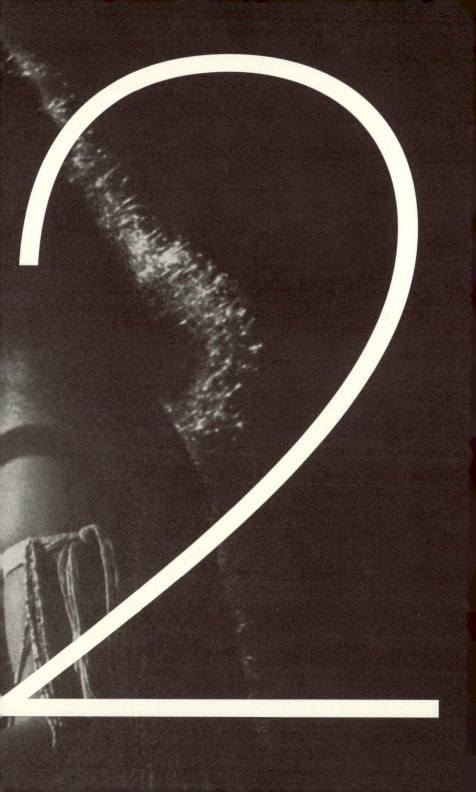

Sinto alegria, tristeza e grito

Depois do AI-5 – tempos sombrios

As canções "Fruta gogoia" e "Como 2 e 2" são cantadas duas vezes por Gal Costa no show de 1971, *Gal a todo vapor*, em temporada no Teatro Teresa Raquel, em Copacabana, no Rio de Janeiro. "Fruta gogoia", do folclore baiano, é como uma apresentação da cantora: "Eu sou uma fruta gogoia, eu sou uma moça, eu sou calunga de louça, eu sou uma joia." "Como 2 e 2", de Caetano Veloso, é cantada a primeira vez apenas com o acompanhamento do violão; a segunda, com a banda de Lanny Gordin, formada pelo próprio Lanny, na guitarra, Novelli, no baixo, e Jorginho, na bateria. Na primeira vez, acentuando a atmosfera intimista dessa parte do show, o primeiro verso é cantado – "quando você me ouvir chorar" –, enquanto na versão do próprio Caetano, no lugar de "chorar" se ouve "cantar". "Como 2 e 2" faz parte de um conjunto de belas canções de exílio do compositor baiano, em que estão também "London, London" e "Maria Bethânia", esta incluída também no show.

Como acontece em toda boa poesia, "Como 2 e 2" tem vários significados. Exprime, é claro, o sentimento do autor que está longe, no exílio, e, também está perto, na saudade do país deixado para trás. A canção recorre a um jogo de contrastes e oposições que tem a ver com um estado de ânimo tensionado entre a alegria e a tristeza, de alguém que canta e que está mudo, que diz e que não diz. Finalmente, este jogo de oposições se resolve, mas não de forma positiva. A canção anuncia que tudo vai mal, tudo mesmo. Em tom desconsolado, constata que tudo em volta está deserto, mas, acrescenta, de forma paradoxal, que tudo está certo. Conclui com o disparate: tudo está tão certo como 2 e 2 são 5.

Para o público que lotava o teatro, o deserto referido na canção adquiria ainda outro significado. Aqueles jovens apinhados em uma sala fechada, em um estado de forte emoção, sabiam que, fora dali, tudo mesmo era um deserto e que tudo estava tão errado como a matemática da canção. O público era basicamente de estudantes e jovens artistas, os quais, de algum modo, tinham sido atingidos pela dura política repressiva que se instalara com o AI-5.

O governo avaliava com razão que os quadros das organizações armadas, que contestavam o regime, eram recrutados no meio universitário. Por este motivo baixou o Decreto 477, em fevereiro de 1969, que punia com a expulsão da universidade e impedia o reingresso nela, por três anos, de todos que participassem de atividades consideradas subversivas, como convocação de greves, organização de passeatas, produção ou porte de material de propaganda política, uso das dependências escolares para fins de subversão ou prática de "ato considerado imoral ou contrário à ordem pública". Além de dificultar a arregimentação de quadros para os grupos armados, outro objetivo do decreto foi impedir que o movimento estudantil se reorganizasse e voltasse a promover manifestações como as ocorridas nos anos anteriores.

Outros instrumentos repressivos foram usados contra os professores das universidades. Pela segunda vez, desde 1964, foram feitas listas de docentes que deveriam ser demitidos. Houve casos em que estas medidas foram devastadoras, como no Instituto de Filosofia e Ciências Sociais da UFRJ, criado com a reforma universitária, reunindo os cursos de Filosofia, Ciências Sociais e História. Com o esvaziamento do quadro docente, professores tinham que improvisar aulas das mais diferentes disciplinas e agentes infiltrados da polícia, chamados de assessores pedagógicos, circulavam pelos corredores da antiga Escola de Engenharia, no Largo de São Francisco, no centro do Rio de Janeiro. Lembro-me da cena de um casal de namorados sendo admoestado, a mando de um professor, pelo fato de a moça estar com a cabeça reclinada no ombro do rapaz.

O deserto cresce, já advertira Nietzsche – um autor ainda pouco conhecido no Brasil, na época. A censura prévia de livros foi instaurada em 1970. A de músicas, peças e filmes já existia desde antes de 1964, feita pela Divisão de Censura de Diversões Públicas, e foi reforçada na constituição de 1967. A maior parte das proibições foi de livros considerados pornográficos, e Cassandra Rios, que escandalizava com suas histórias homoeróticas femininas, passou à frente de todos os outros competidores. Havia, é claro, autocensura, e nenhum editor tinha condições de publicar livros de contestação da ordem vigente. Muitos autores, de ficção ou não, tiveram seus livros proibidos: Aguinaldo Silva, Rubem Fonseca, Inácio de Loyola Brandão, Caio Prado Jr., Darcy Ribeiro, Rose Marie Muraro e muitos outros.[1]

Outro episódio dessa época, mais diretamente relacionado com o assunto deste capítulo, foi a prisão e a consequente expulsão do país de Caetano Veloso e Gilberto Gil. São escassas as notícias sobre o episódio nos jornais, mas pode-se ler sua reconstituição feita por Caetano em *Verdade tropical*, livro de 1997.[2] De novo, com o intervalo de poucas décadas, memórias

---

1 Cf. S. Reimão, *Repressão e resistência: censura a livros na ditadura militar*; e L. Hallewell, *O livro no Brasil: sua história*.
2 C. Veloso, *Verdade tropical*.

59

do cárcere reaparecem no cenário literário. O relato de Caetano contém a denúncia do absurdo da perseguição política na ditadura. Afinal, nunca se soube do real motivo de sua prisão. Teria sido o alegado desrespeito à bandeira nacional, em uma casa noturna no Rio, e a exibição do estandarte do artista plástico Hélio Oiticica com os dizeres "Seja marginal! Seja herói"? Ou a participação na passeata dos Cem Mil? Ou, como quer crer o próprio Caetano, a convicção dos militares de que o tropicalismo era especialmente subversivo?

O capítulo de *Verdade tropical* sobre a prisão se intitula, com amarga ironia, "Narciso em férias". Narra o processo de enlouquecimento progressivo causado pela prisão, com passagens muito impressionantes. Em uma delas, Caetano ouve sua mulher, Dedé, em uma sala próxima de sua cela, insistindo com os guardas para ir ao seu encontro. Outra, passada em Salvador, logo após a soltura da prisão, descreve a intervenção curativa da fala do pai do cantor, com o poder de interromper aquela descida ao inferno: "Não me diga que você deixou esses filhos da puta lhe deixarem nervoso!"

A montagem do espetáculo

A concepção e a montagem de *Gal a todo vapor* aconteceram nesse ambiente repressivo instaurado no país desde o final de 1968, tendo sido especialmente traumático para o grupo de artistas o banimento de Gil e Caetano. Por esse motivo, é bastante significativa a inclusão no repertório das canções que Caetano Veloso vinha fazendo em Londres: "Como 2 e 2", "Maria Bethânia" e "Chuva suor e cerveja". Em um depoimento posterior, o poeta Waly Salomão, diretor do show, comentou as circunstâncias da composição, com Jards Macalé, da principal canção do espetáculo, "Vapor barato":

Começamos a trabalhar exatamente naquele período que marcava um vazio depois do AI-5, depois de tudo o que foi o tropicalismo em 1968 e que foi cortado violentamente no final daquele ano. 1969 começava como um período de esmagamento total, vindo de cima, do poder.[3]

O tom geral muito sombrio de todo o show é certamente uma reação ao avanço da repressão. Ali se tentava dizer o que ainda era possível naqueles anos.

Apesar do contexto desfavorável, no fim de 1971, o Rio de Janeiro fervilhava de peças de teatro e de shows. Maria Bethânia se apresentava em *Rosa dos ventos*, também em Copacabana. Seu público era, com certeza, muito mais bem-comportado que o de *Gal a todo vapor*, e a coluna social de um importante jornal registrou a presença, em uma das apresentações, do embaixador de Portugal. Era uma parceria de Bethânia com o diretor Fauzi Arap, o primeiro a explorar a força dramática da leitura de textos literários pela cantora. Na ocasião, ela declamou Fernando Pessoa e Clarice Lispector, autores que a acompanhariam por toda a carreira.

Também estava em cartaz um show de Milton Nascimento, *O som imaginário*. E não longe dali, no Teatro Ipanema, uma peça causava sensação entre o público jovem: *Hoje é dia de rock*, de José Vicente, com direção de Rubens Corrêa. O texto do autor mineiro retratava a viagem de uma família do interior para a cidade grande, em uma alusão ao desmoronamento da velha ordem social. A solução para a situação de crise provocada pela mudança era parecida com a dos *hippies*: a evasão por meio da adoção de formas de vida alternativas e pelas drogas. O LSD estava na moda, e também se imaginava possível eliminar todas

---

3 Disponível em: <https://tuliovillaca.wordpress.com/tag/waly-salomao/>. Acesso em 29 ago 2017.

as barreiras para liberar a sexualidade e soltar as emoções. O espetáculo despertava uma grande excitação, uma espécie de descarga emocional, mas resultava caótico e não favorecia em nada a compreensão do que se passava, até porque esse não era mesmo seu objetivo. Em muitos aspectos, contrastava com *Gal a todo vapor*, espetáculo com o qual tinha parentesco, mas que era muito mais estruturado.

O teatro em que aconteceu *Gal a todo vapor* ficava em um shopping center de Copacabana, com um projeto de um importante arquiteto, Henrique Mindlin, mas que, na época, dava a impressão de estar inacabado. Gal ocupou a sala que já abrigara *Cemitério de automóveis*, de Fernando Arrabal, e que depois receberia *Gracias señor*, espalhafatosa montagem do Teatro Oficina, dirigida por José Celso Martinez Corrêa. Mais tarde, o espaço seria ocupado por uma igreja evangélica, e voltaria a ser novamente uma sala de teatro. O show teve duas temporadas: em outubro de 1971 e no início de 1972, com pequenas variações da ambientação. No intervalo entre as duas, Gal foi a Londres, onde apresentou, com Gilberto Gil, no centro de estudantes da City University, algumas canções do espetáculo.[4]

Além de Waly Salomão na direção geral, e Lanny Gordin na direção musical e liderando o Lanny Trio, o show tinha Luciano Figueiredo e Óscar Ramos na ambientação visual. Uma reportagem da época descreveu o público da noite de estreia como de jovens louquíssimos, de cabelos enormes, roupas exóticas, colares e anéis. O retrato é certamente exagerado, mas servia ao propósito da jornalista de avaliar o show como o enterro do psicodelismo.[5]

---

4   O espetáculo foi gravado e está disponível em CD. *Gilberto Gil & Gal Costa, Live in London – Nov 26th 1971*, Discobertas.

5   Teresa Cristina, "Gal dá um show a todo vapor". *Revista InTerValo* n. 461, 1971.

Gal Costa brilhava no espetáculo. O registro em filme feito por Leon Hirszman, infelizmente sem o áudio, confirma a recordação.[6] Gal era muito jovem, estava com 26 anos, magra e muito atraente. Usava um figurino que ela própria inventara, com a ajuda da figurinista Silvia Sangirardi: uma espécie de corpete, que deixava parte do corpo descoberto, uma saia longa escura, com a cintura baixa, e, na segunda parte do show, pintava a testa com uma maquiagem dourada, como uma tiara. Não era novata em shows nem em discos, e tinha sido capa da primeira edição brasileira da revista *Rolling Stone*. Poucos meses antes, ali perto, no teatro Opinião, dirigida por Jards Macalé, tinha feito o show *Deixa sangrar*, tradução do sucesso dos Rolling Stones, "Let it bleed".

Gal a todo vapor poderia ter se tornado um filme se o cineasta Leon Hirszman tivesse concluído seu trabalho; foi gravado e lançado em disco duplo – o primeiro no país – para aproveitar o Natal de 1971.[7] A capa é, de novo, de Luciano Figueiredo e Óscar Ramos e traz fotos do show e suas cores mais marcantes – vermelho, amarelo e o dourado da maquiagem. As palavras *Fa-tal*, retirada de um poema de Waly, e *Violeto*, usadas no cenário, aparecem em destaque. O design do disco, assim como a ambientação do espetáculo, tem uma disciplina formal que revela o contato com as tendências construtivas da arte brasileira daquele período, especialmente com os trabalhos de Hélio Oiticica.

Gal tinha feito, até então, quatro discos e participara da realização coletiva de *Tropicália ou panis et circensis*, em 1968. Seu primeiro disco foi em parceria com Caetano Veloso, *Domingo*, de 1967, gravado ainda na Bahia. O LP apresentava "Coração

---

6 O material filmado por Leon Hirszman está sob a guarda da Cinemateca Brasileira, em São Paulo.
7 Os LPs não seguem a ordem do show, mais tarde reconstituída no CD da Polygram.

63

vagabundo", de Caetano, declaradamente a canção preferida do compositor, que seria retomada em *Gal a todo vapor*. O segundo disco, já feito no Rio de Janeiro, *Gal Costa*, de 1968, só foi lançado em março de 1969, devido à prisão de Caetano e Gil, em dezembro do ano anterior. "Objeto não identificado", "Se você pensa", "Baby" e "Divino maravilhoso" são as principais canções. Esta última, de Gil e Caetano, foi defendida por Gal no Festival da Música Popular Brasileira da tv Record, em 1968, motivando uma reação do público dividido entre vaias e aplausos. "Baby", de Caetano, fazia parte do disco-manifesto do tropicalismo, *Tropicália ou panis et circensis*. "Se você pensa", de Roberto Carlos, indica a aproximação dos músicos do tropicalismo com o maior sucesso mediático do país, revelado no movimento da Jovem Guarda.

O terceiro lp, *Gal*, de 1969, já contava com a participação de Lanny Gordin, o diretor musical de *Gal a todo vapor*. Gal cantava "Meu nome é Gal", de Roberto Carlos e Erasmo Carlos, e "País tropical", de Jorge Ben (depois Benjor), outro músico de que os tropicalistas também se aproximaram. O quarto disco da cantora, *Legal*, deu início à parceria de Gal com Jards Macalé, que continuaria até *Gal a todo vapor*. "Hotel das estrelas" resultou desse encontro: a canção é de Macalé e do poeta Duda Machado. A delicada canção de Caetano Veloso, "London London", feita na capital inglesa, também foi lançada nesse disco. Nele a cantora interpreta, pela primeira vez, "Falsa baiana", de Geraldo Pereira, que reapareceria em *Gal a todo vapor*. A capa do álbum é de Hélio Oiticica, mostrando, sobre um fundo azul, o rosto da cantora com sua vasta cabeleira, feita com fotos de figuras e acontecimentos da época.

O diretor de *Gal a todo vapor*, Waly Salomão, foi, antes de tudo, poeta. Nascido no interior da Bahia, tinha estudado direito em Salvador, e viajara para o Rio de Janeiro, acompanhando seu grupo de amigos, entre eles Caetano Veloso. No momento em que dirigiu o show, Waly estava preparando seu primeiro livro de poesia: *Me segura qu'eu vou dar um troço*, que seria publicado em 1972, com projeto gráfico de Luciano Figueiredo, pela José Álvaro Editor. O autor assinou o livro como Waly Sailormoon, assim como tinha feito na direção do show. Nele foram incorporadas referências ao período da sua prisão na penitenciária do Carandiru, em 1970, condenado por porte de maconha.

A poesia de Waly Salomão é movida pelo jogo de forças contrárias em busca de uma combinação. Por um lado, é explosiva, quer dar vazão à imaginação, parece ser propriamente da autoria de um marinheiro da Lua, de um "sailormoon". O poeta quer subverter, com seus poemas, a ordem do mundo. Por outro lado, os poemas têm um nítido viés construtivo. Waly teve contato com a vanguarda da época, sobretudo com os concretistas de São Paulo, de quem absorveu referências eruditas e o apreço pelo acabamento elaborado dos poemas.

Waly manifestou sua visão do caráter expansivo e anárquico da poesia em um poema de um livro posterior, "Persistência do eu romântico":

O real é oco, coxo, capenga.
O real chapa.
A imaginação voa.

Em outra passagem, no poema "Exterior", indaga:

Por que a poesia tem que se confinar
às paredes de dentro da vulva do poema?
Por que proibir à poesia
estourar os limites do grelo
da greta
da gruta
e se espraiar em pleno grude

além da grade
do sol nascido quadrado?[8]

Os apelos explosivos eram formulados com grande apuro formal. Esse embate entre uma forte tendência à expansão e o rigor na composição do poema constitui o princípio da poética de Waly Salomão. O mesmo princípio norteou a concepção do show *Gal a todo vapor*, transformando-o em um episódio único naquele momento da nossa história cultural.

O viés construtivo presente nesse jogo de forças característico da estética de *Gal a todo vapor* resultou, em grande parte, da cenografia do espetáculo, chamada, no programa, de "ambientação". A noção de ambientação derivava da proposta do artista plástico Hélio Oiticica, com quem os realizadores tinham afinidade, com sua pretensão de expandir a obra de arte para o seu entorno. A intervenção cenográfica de Luciano Figueiredo e Óscar Ramos era muito parcimoniosa. Resumia-se basicamente em estender no fundo do palco duas enormes faixas, uma de pano vermelho, com a palavra "Fa-tal", e, abaixo dela, outra, branca, com a palavra "Violeto", em violeta. No chão do palco era reproduzida a mesma combinação.

A iluminação acompanhava a divisão do show em duas partes: uma primeira, intimista, com Gal ao violão, tinha apenas um foco de luz; a segunda, com o palco iluminado, correspondia ao momento mais agitado, quando havia grande participação do público, mas nunca era eliminada a delimitação do palco, que avançava em uma meia arena, deixando a plateia na penumbra.

8 W. Salomão, *Poesia total*, p. 247 e 300.

Tropicalismo e pós-tropicalismo

O repertório de *Gal a todo vapor* era composto de dezessete canções, duas delas repetidas. O programa tinha a seguinte ordem: "Fruta gogoia" (folclore), "Charles anjo 45" (Jorge Ben), "Como 2 e 2" (Caetano Veloso), "Coração vagabundo" (Caetano Veloso), "Falsa baiana" (Geraldo Pereira), "Antonico" (Ismael Silva), "Sua estupidez" (Roberto Carlos e Erasmo Carlos), "Fruta gogoia", "Vapor barato" (Jards Macalé e Waly Salomão), "Dê um rolê" (Moraes Moreira e Luiz Galvão), "Pérola negra" (Luiz Melodia), "Mal secreto" (Jards Macalé e Waly Salomão), novamente "Como 2 e 2", "Hotel das estrelas" (Jards Macalé e Duda Machado), "Assum preto" (Humberto Teixeira e Luiz Gonzaga), "Bota a mão nas cadeiras" (folclore), "Maria Bethânia" (Caetano Veloso), "Não se esqueça de mim" ou "Chuva suor e cerveja" (Caetano Veloso) e "Luz do sol" (Waly Salomão e Carlos Pinto).

Caetano Veloso é o compositor com maior número de canções, já que uma delas, "Como 2 e 2", é cantada duas vezes. "Coração vagabundo", que tinha sido gravada ainda na Bahia, em 1967, no LP *Domingo*, de Caetano e Gal, perde, no show, o balanço de bossa nova e passa a ser quase somente recitada. As demais canções de Caetano foram feitas em Londres: "Como 2 e 2", para ser cantada por Roberto Carlos, a canção da saudade "Maria Bethânia" e "Não se esqueça de mim", feita para o carnaval de Salvador. "Não se esqueça de mim" é um caso à parte. Seu ruído estrondoso destoa do conjunto apresentado por Gal. Mas, ao se levar em conta a trajetória dramática do espetáculo, vê-se que a escolha é muito significativa. Nenhuma canção de Caetano Veloso da fase tropicalista foi apresentada, o que parece indicar que tinha havido, por parte do grupo que criou o espetáculo, um afastamento dos ideais do tropicalismo, e que ali se definia uma nova orientação.

O movimento tropicalista se organizara em 1967 a partir de uma proposta de Gilberto Gil. A expressão "tropicalismo" apareceu em dois comentários de Nelson Motta e de Torquato Neto e foi, em seguida, adotada pelo grupo. O título do disco *Tropicália ou panis et circensis* foi sugerido pelo fotógrafo e produtor de cinema Luiz Carlos Barreto, tomado de uma obra de Hélio Oiticica. A renovação da música popular idealizada pelos tropicalistas levantou várias bandeiras. Em primeiro lugar, havia o propósito de acertar o passo da nossa música com o que acontecia no cenário musical internacional, o que exigia a modernização dos recursos técnicos, como a adoção dos instrumentos eletrônicos criados na era do rock: as então controvertidas guitarras elétricas.

Também se buscava popularizar suas realizações, recorrendo aos novos meios de comunicação, especialmente a televisão. Por este motivo, os tropicalistas se aproximaram de artistas de grande sucesso popular, como Roberto Carlos, que já tinha presença assegurada na TV. Indagado sobre o sentido do que era pop, em entrevista no Festival da TV Record em 1967, Caetano Veloso sugeriu que pop era tudo que interessava naquele momento. A perspectiva tropicalista se opôs aos preconceitos da corrente dominante da música popular, com seu viés conservador, avessa até ao uso das novas tecnologias eletrônicas. O panorama musical apresentava, naquele momento, uma diluição da bossa nova e canções de protesto politicamente engajadas, mas muito pobres do ponto de vista inventivo. Caetano Veloso, principal formulador da orientação tropicalista, entendia que toda arte relevante do ponto de vista da crítica social e política deveria ter também uma forma inovadora. Com essa afirmação, ele acompanhava a mais consequente concepção estética da época, que tinha adotado a tese do poeta russo Maiakóvski, de que não há arte revolucionária sem forma revolucionária.

As primeiras manifestações tropicalistas aconteceram em 1967, nas apresentações do Festival de Música Popular Brasileira da TV Record, em São Paulo. Gilberto Gil cantou "Domingo no parque", acompanhado pelo grupo Os Mutantes (formado por Rita

Lee e os irmãos Arnaldo Baptista e Sérgio Dias), e Caetano Veloso, "Alegria alegria", com os Beat Boys. No ano seguinte, o grupo tropicalista gravou o LP *Tropicália ou panis et circensis*, que teve o significado de um verdadeiro manifesto, para o qual foram convidados artistas que apoiavam o movimento, embora não integrassem seu núcleo, como Nara Leão, a voz da Bossa Nova.

Em 1968, os principais integrantes do grupo se estabeleceram em São Paulo. Ali tiveram acesso a um conjunto de informações decisivas para o amadurecimento de suas propostas. Começaram a trabalhar com músicos de formação erudita, como os maestros Rogério Duprat e Júlio Medaglia, que lhes deram suporte teórico e participaram da elaboração e execução de suas canções. Também ficaram próximos dos poetas e teóricos do movimento concretista, especialmente de Augusto de Campos, interessados pelo tema da cultura de massas e por autores como Marshall McLuhan. Os jovens músicos puderam se informar sobre a produção erudita em música e em literatura. Uma importante contribuição dos concretistas foi terem possibilitado o acesso à obra de Oswald de Andrade. A revalorização do modernista acontecia naqueles anos e, para os concretos, Oswald era leitura obrigatória. Em outra perspectiva, o Teatro Oficina montou, em 1967, a peça *O rei da vela*, de Oswald, que teve enorme repercussão e provocou forte reação dos conservadores.

O contato com Oswald de Andrade tornou explícita a filiação do Tropicalismo à mais importante corrente da história intelectual brasileira: o Modernismo. Nosso principal movimento renovador, cujo marco é a Semana de Arte Moderna, de 1922, propôs a modernização das linguagens artísticas, entendida como a atualização a um novo tempo, e a inserção da arte e da cultura nacionais no "concerto das nações cultas". A partir de certo momento, em 1924, ano da publicação do "Manifesto da poesia pau-brasil", de Oswald de Andrade, somou-se a essas duas propostas o compromisso com a determinação do caráter nacional. Já naquele momento, houve intensa polêmica sobre o significado da brasilidade.

Duas posições se confrontaram: a de Mário de Andrade e a de Oswald de Andrade. Os dois partilhavam o propósito básico de modernização cultural e artística, o qual deveria levar à inserção do país no contexto mundial. Também estavam de acordo na crença de que essa participação somente se viabilizaria com a afirmação dos traços nacionais da nossa cultura. Porém, divergiam quanto à compreensão da entidade nacional e aos meios para alcançá-la. Mário de Andrade defendia uma abordagem analítica, uma "sabença". Para se chegar à definição do elemento nacional era preciso fazer o levantamento dos elementos que o compõem. Estes estavam contidos nas manifestações da cultura popular, identificadas ao folclore. Oswald de Andrade, por sua vez, defendia uma via intuitiva. Achava que a entidade nacional consistia em um estado mental caracterizado pela abertura para os componentes estrangeiros, os quais deveriam ser incorporados criticamente. Para ele, a faculdade da intuição seria muito mais apta para dar conta dos traços da brasilidade do que a análise adotada por Mário de Andrade.

As teses defendidas pelos modernistas nos anos 1920 atravessaram nossa história intelectual no século xx, até o Tropicalismo, inclusive. Também os tropicalistas queriam modernizar a arte feita no país e para isso não hesitaram em incorporar, em sua criação, os recursos formais disponíveis na cena artística internacional. Pretendiam, assim como os modernistas, inserir o país no "concerto das nações cultas" e, igualmente, compuseram um retrato do Brasil, que, àquela altura, era um país bem mais complexo que nos tempos de Mário e Oswald. As mesmas categorias-chave do Modernismo estiveram na base do movimento, em geral organizadas em forma de duplas: o par modernismo e passadismo, que inspirou o projeto de modernização estética, o que articulava o elemento nacional e o contexto universal, dando conta do processo de inserção do país no concerto das nações, o par cultura erudita e cultura popular, que está na base de uma noção da cultura nacional como entidade unitária.

Para os tropicalistas, Oswald de Andrade era uma figura mais inspiradora do que Mário de Andrade. Os jovens artistas entenderam que sua proposta de incorporar em sua produção elementos nacionais e estrangeiros, rurais e urbanos, eruditos e populares, antigos e modernos se identificava com a perspectiva da Antropofagia, defendida por Oswald de Andrade no manifesto de 1928.

Nenhuma dessas preocupações esteve presente na concepção de *Gal a todo vapor*. Para seus criadores, o Tropicalismo – o movimento que os antecedeu – já tinha encerrado seu ciclo. Suas conquistas foram incorporadas e não era preciso voltar a elas. Por outro lado, pode-se dizer que nenhum dos artistas atuantes na realização do espetáculo se dava conta de que, naquele momento, se fechava um importante capítulo da nossa história cultural – o do Modernismo. Não era do seu feitio explicitar uma reflexão dessa ordem, mesmo que, como se verá, *Gal a todo vapor* propusesse uma suspensão que poderia ter estimulado diversas interrogações.

A nova orientação de que *Gal a todo vapor* participava não tinha um perfil ideológico preciso, em contraste com os movimentos que a antecederam, mas manifestava, no plano cultural, especialmente na música e no teatro, o mal-estar com tudo que vinha ocorrendo no país desde o final de 1968. As canções feitas para o show pela dupla Waly Salomão e Jards Macalé, e de cada um deles com outros parceiros, foram as realizações mais significativas dessa nova etapa. Quatro canções apenas, porém extremamente marcantes, definiram a estética do espetáculo. "Vapor barato" e "Mal secreto" são composições de Waly e Macalé; "Hotel das estrelas", de Macalé e Duda Machado, e "Luz do sol", de Waly e Carlos Pinto.

Entre essas quatro canções a que ficou conhecida como a marca do espetáculo foi "Vapor barato". Seu sucesso é atestado por uma série de retomadas e novas interpretações nos anos posteriores: foi aproveitada como trilha sonora do filme de Walter Salles, *Terra estrangeira*, de 1995, gravada pelo grupo Rappa, em 1996, de novo, por Gal Costa com Zeca Baleiro, em 1997, por Daniela Mercury, em 2005, e reinterpretada pelo próprio Macalé e Jorge Mautner, em 2011. A canção narra a história de um personagem vestido como um *hippie* da época, com um casaco de general, cheio de anéis, às voltas com uma decepção amorosa, para a qual só vê saída escapando numa viagem em um vapor barato, que pode ser tanto um velho navio quanto a fumaça de um cigarro de maconha. O desejo de evasão atravessa toda a canção. É certamente um sentimento despertado por uma experiência pessoal infeliz, presente em outras canções de Macalé, como "Movimento dos barcos", da mesma época, que narra a partida de alguém, no término de um relacionamento, sem nem mesmo abrir a porta, e que lamenta ter que ficar no porto dando adeus, vendo o movimento dos barcos que se vão. O significado de "Vapor barato", no entanto, é bem mais amplo, pois reflete o anseio de escapar do ambiente sufocante em que se vivia e define uma atitude na vida de busca de libertação.

Todas as outras canções do show sofrem o impacto de "Vapor barato". "Mal secreto" é o título de um poema do poeta parnasiano Raimundo Correia, que se refere à dissimulação, à tentativa de aparentar uma felicidade que não existe. Na letra de Waly, o motivo do disfarce é, de novo, a desilusão amorosa. O amante esconde a dor ao ser rejeitado, mas logo que se encontra sozinho, "sua alma chora", e seu único consolo é pôr suas mágoas num verso intitulado "Mal secreto".

Também é sombria a tonalidade afetiva de "Hotel das estrelas" e de "Luz do sol". A primeira retrata uma cena desoladora, em um hotel, com a vista de um pátio abandonado e fantasmas nos corredores. Dá conta do estado de espírito de alguém que guarda no fundo do peito um fruto, possivelmente o coração, que apodrece a cada dentada. "Luz do sol" encerra o espetáculo. Narra, de novo, uma situação de desencontro amoroso.

A presença muito marcante de "Vapor barato" e das demais canções de Waly e Macalé repercutiu também na escolha e na interpretação de todo o repertório. A participação de Jorge Benjor, um artista já bastante conhecido, não contempla o elogio do país tropical abençoado por Deus, mas relata a história de Charles Anjo 45, marginal de um morro no Centro do Rio de Janeiro. *Gal a todo vapor* foi a oportunidade para revelar Luiz Melodia, com "Pérola negra". Mesmo a inclusão de antigas canções, um ponto de contato com o movimento tropicalista, é feita dentro da atmosfera própria do espetáculo. "Falsa baiana", de 1944, tinha sido um sucesso na voz de Cyro Monteiro. Seu autor, Geraldo Pereira, antigo morador do morro da Mangueira, teve morte trágica, em 1955, decorrente de uma briga com o famoso e controvertido malandro Madame Satã. Sua escolha pode ter sido também uma brincadeira com a *baianice* de Gal Costa. "Antonico" é de Ismael Silva, o principal parceiro de Noel Rosa, autor de "Se você jurar". "Assum preto", de Luiz Gonzaga e Humberto Teixeira, conta a história do pássaro que tem os olhos furados para cantar melhor. Gal já a interpretara um ano antes, com o acompanhamento da banda Som Imaginário. Mas a descrição da cena do pássaro cego em *Gal a todo vapor* é ainda mais impressionante, com Gal cantando quase *a capella*, apenas com uma marcação muito grave do baixo. A contribuição de Roberto Carlos e Erasmo Carlos já estava assegurada desde o período tropicalista. No show eles comparecem com "Sua estupidez". Uma novidade é a incorporação de "Dê um rolê", dos Novos Baianos.

O drama

Gal a todo vapor não é simplesmente uma coletânea de canções, mas um verdadeiro drama musical. O espetáculo que, à primeira impressão, aparece dividido em duas partes, contém três momentos, ao se considerar sua dimensão dramática.

O primeiro descreve o nó do drama. Apresenta uma série de situações de frustração amorosa e de mal-estar em geral de que se busca escapar. Menciona insistentemente a dor do aprisionamento físico ou emocional que se quer romper, sem saber se é possível. As canções "Vapor barato" e "Hotel das estrelas" destacam-se neste primeiro momento. A entrada da banda, a certa altura, não atenua, mas até reforça o tom introspectivo e melancólico dessa parte. Ela é encerrada com a canção "Maria Bethânia", de Caetano Veloso, que não é cantada em sua versão integral, mas é uma passagem para o espetáculo prosseguir. A letra, feita em Londres, declara a saudade que o músico sente da irmã distante e pede que ela lhe envie uma carta: *"Send me a letter!"*

O momento seguinte, segundo ato do drama, marca uma ruptura com o que veio antes. Contrapõe a todo mal-estar vivido até então uma estrondosa explosão de alegria, no frevo "Não se esqueça de mim". Seu enredo pode até não ser tão diferente da declaração à irmã "Maria Bethânia", já que as duas são canções de saudade. No entanto, chama a atenção o contraste entre o tom de lamento em que é feita a saudação à irmã e o verso gritado: "Não se esqueça de mim." O que todos lembram, e percebe-se no registro em disco e nas imagens colhidas no impressionante filme mudo, é que nesse segundo ato a sala vibrava eufórica e parecia que todos os "fantasmas nos corredores" estavam sendo exorcizados. Mas isso durava pouco. O espetáculo caminhava para o encerramento, para a terceira e última parte, seu desenlace.

"Luz do sol" é a última canção do espetáculo. É o momento em que toda a energia solta em "Não se esqueça de mim" é recolhida. De novo, é narrada a história de um desencontro amoroso, resumido nos versos: "Eu sou o Sol, ela é a Lua, quando eu chego em casa ela já foi pra rua." O formato da canção não é simples, com seu ritmo muito variado. Os versos sustentados pelo baixo descrevem a chegada de alguém que arrebata a alegria e a calma. A certa altura, uma advertência é feita rispidamente: "Quando estiver assim não me apareça, saia da minha vista!" Em contraste, aparece um apelo cheio de ternura: "Apareça como a luz do sol batendo na porta do meu lar." Por fim, fechando a canção e o show, Gal grita, desafiadora: "Quero ver de novo a luz do Sol!" A carga dramática deste último grito tem a ver, naturalmente, com a urgência de se libertar de tantos desencontros narrados ao longo do espetáculo. Sabemos também que aqueles eram tempos difíceis e o grito era lançado como um protesto e uma aspiração muito forte. Em seguida, porém, ao sair do teatro escondido no fundo de uma galeria, o público se dava conta de que tudo em volta estava deserto.

O desfecho de *Gal a todo vapor* exige uma espécie de contenção emocional. Há o grito, mas ele tem o efeito de desarmar o movimento explosivo do frevo que o antecedera. Ali, obrigava-se a uma parada, sem o que toda a energia se dispersaria. Este acabamento assegurava a reconciliação, que constitui um dos efeitos do que os antigos gregos chamaram de catarse, ao se referirem à tragédia. Em uma versão moderna, o mesmo tópico está presente na frase da escritora dinamarquesa Isak Dinesen (Karen Blixen), muitas vezes lembrada pela filósofa Hannah Arendt: "Todas as mágoas são suportáveis quando se pode contar uma história a seu respeito."

Inverno no
Rio de Janeiro

Ana Cristina pesquisadora

Estive próximo de Ana Cristina em dois momentos. Em 1978, Ana concorreu a uma bolsa da Funarte, para desenvolver um trabalho sobre documentários brasileiros sobre literatura, que era o assunto da sua dissertação de mestrado na Escola de Comunicação da Universidade Federal do Rio de Janeiro (UFRJ), orientada por Heloisa Buarque de Hollanda. Eu trabalhava no setor de pesquisas e coordenava o programa de bolsas financiado pelo Conselho Nacional de Direito Autoral (CNDA). Não era simples implantar um programa de pesquisas em uma instituição que, em tese, se ocupava em incentivar apenas de forma direta as manifestações artísticas, e não, de forma indireta, através de um trabalho de crítica e de reflexão. De qualquer modo, naqueles anos, um conjunto de pesquisas de alto nível foi apoiado. Havia uma grande quantidade de propostas e, para sua avaliação, criamos comissões *ad hoc* que faziam a última seleção. A proposta de Ana Cristina foi uma das escolhidas. A segunda vez foi depois de seu retorno da bolsa na Inglaterra, de 1981 em diante, no período do lançamento de *A teus pés*. Uma noite ela me chamou para perguntar o que eu achava da escolha do título, ao que reagi bastante intrigado. Acho que não fui o único a ter essa reação. Em conversa com estudantes em uma faculdade no Rio, ela comentou que muita gente ficava um pouco perplexa com o título do livro. Na realidade, ela adorava essa situação, e insistia em dizer que seu novo livro se chamava *A teus pés* mesmo![1]

No encerramento do programa de bolsas da Funarte foi organizado um seminário para a apresentação dos resultados. Era a primeira vez que Ana expunha para o público um trabalho teórico de fôlego. O relatório ficou muito bom e, pouco depois, foi publicado em livro, *Literatura não é documento*, pela própria Funarte.[2] Tempos depois, veria nas cartas enviadas por Ana para sua orientadora que ela não tinha ficado satisfeita com a preparação do livro. Não lembro qual foi o motivo. Talvez se impacientasse com a morosidade da burocracia. No meu exemplar leio a dedicatória carinhosa e bem-humorada: "Edu beijos beijos desde tanto Ana".

A Funarte fora criada recentemente, em 1975, com o objetivo de pôr em prática as ideias do documento programático "Política Nacional de Cultura", elaborado na gestão de Ney Braga no Ministério da Educação e Cultura. Estávamos no governo de Ernesto Geisel, que ensaiava os primeiros passos da abertura política. A Funarte não era exatamente um "aparelho ideológico do Estado" – um termo muito usado na época. Um pessoal muito jovem, de universitários, poetas e artistas, compunha seu quadro, realizando projetos bastante inovadores. Havia da parte de alguns setores da área cultural certa má vontade e preconceitos. Talvez imaginassem que fôssemos agentes do regime militar! Mas tivemos também alguns problemas com o governo. Os órgãos de segurança, ainda em atividade, fizeram

---

1 "Depoimento de Ana Cristina Cesar no curso literatura de mulheres no Brasil", in A. C. Cesar, *Crítica e tradução*, p. 292-312.

2 A. C. Cesar, *Literatura não é documento*, in ibid., p. 19-157.

80

um escarcéu quando apoiamos a pesquisa sobre o modernismo do artista plástico e teórico Carlos Zilio. Em uma sala decorada de dourado e tendo na parede um gigantesco quadro com uma cena histórica, tive que defender com galhardia juvenil o trabalho do temível terrorista.

A Funarte estava organizada em institutos – de música, de artes plásticas e de folclore. A sede ficava na rua Araújo Porto Alegre, no prédio do Museu Nacional de Belas Artes, no centro do Rio. A área de teatro ficou de fora, pois já havia o Serviço Nacional de Teatro; o cinema tinha a Embrafilme e a Biblioteca Nacional cuidava de livros. Em compensação, na Funarte funcionava o Projeto Pixinguinha, criação de Hermínio Bello de Carvalho, que lotava os teatros do país com música tradicional e contemporânea. Havia ainda as atividades da Sala Funarte, que ganhou mais tarde o nome de um músico talentoso morto precocemente, Sidney Miller. Foram criados também o Centro de Documentação e Pesquisa e, em seguida, o setor de editoração.

O formato de *Literatura não é documento* é bem simples, refletindo possivelmente os limites orçamentários. A capa mostra um conhecido retrato de Machado de Assis estampado em um documento de identidade que funciona como fotograma de uma película de filme. Em vez de uma orelha, no verso da capa, dois pequenos textos definem os critérios adotados na área de pesquisa da instituição. Como era preciso justificar nossa inserção em um órgão de apoio à produção artística, entendi que deveria concentrar esforços no exame da produção contemporânea. Esta opção impunha uma restrição temporal à nossa atuação – o que foi bastante questionado na época. Ela permitiu, no entanto, o debate sobre temas centrais da produção atual em música, artes plásticas, teatro, cinema, dança, folclore e literatura. Se de um lado havia restrição do ponto de vista histórico, de outro, era incentivada a discussão de um leque bastante amplo de atividades, inclusive as que não eram abrigadas na instituição.

Literatura não é documento é um título inspirado, mas não diz tudo o que o livro pretende. Seria mais correto dizer que, para Ana, tampouco o filme documentário deveria ter a função estrita de registrar. A tese geral é de que as artes, literatura e cinema entre elas, não são cópia da realidade nem ensinam alguma coisa a seu respeito, mas têm um caráter ficcional.

O livro contém um ensaio interpretativo, depoimentos de realizadores, um pequeno conjunto de fotos, dois roteiros e a filmografia com 61 filmes. O ensaio propriamente dito tem um viés histórico, ao se debruçar sobre as várias fases da produção de documentários sobre literatura, no país, desde os anos 1930, defendendo que o melhor cinema sobre literatura não é o que didaticamente e de forma pretensamente objetiva retrata um escritor e seus escritos, mas o que se assume como peça de ficção e interage de forma tensa com seu objeto. Ana recorreu a algumas categorias em oposição para formular seu ponto de vista. Valorizou a interferência do sujeito/autor do filme, ou a subjetivação, em detrimento do compromisso "objetivista", predominante na nossa produção. À perspectiva didática adotada desde o período de Humberto Mauro no Instituto Nacional do Cinema Educativo (Ince) opôs o caráter ficcional dos que considera os melhores filmes. Seus juízos em geral são generosos. Ao analisar a obra de Humberto Mauro se dá conta de que, de algum modo, ela não se encaixa na sua tese muito esquemática. O didatismo dos documentários do realizador acaba se revelando brincadeira de dar aula, ao adotar indisfarçados truques de cinema.[3]

O ensaio apresenta uma tipologia que é também um histórico dos filmes documentários: em primeiro lugar, são mencionados os filmes de Humberto Mauro, da fase do Ince, em seguida, as iniciativas isoladas dos anos 1950 e 1960, como o filme de Joaquim Pedro de Andrade sobre Manuel Bandeira e Gilberto

3   Ibid., p. 38.

82

Freyre, *O mestre de Apipucos e o poeta do Castelo* (1959), depois, os filmes "engajados" do Cinema Novo, como o *Lima Barreto: trajetória*, de Júlio Bressane (1966), os filmes ligados ao "desbunde" ou à contracultura pós-68, como *Bárbaro e nosso*, sobre Oswald de Andrade, de Márcio Souza (1969), e, finalmente, os filmes dos anos 1970, quando o Estado retomou uma política de apoio à produção. Com acerto, Ana Cristina observa que o compromisso exageradamente didático marcou tanto os filmes de homenagem aos grandes vultos, patrocinados pelo Estado, quanto a produção dos cineastas esquerdistas do Cinema Novo.

Se afirmei que Ana Cristina considerou em seu ensaio a oposição entre os elementos documental e ficcional e defendeu que é a presença do segundo que faz um bom documentário, também devo sublinhar que, na verdade, sua tese era mais complexa e refinada do que isso. Ana estava atenta às tensões que poderiam resultar da proximidade – e mesmo do atrito – dos elementos documental e ficcional em um filme. Ela preferia um filme que explorasse tensões e que revisse e ampliasse o conceito de documentário. A certa altura do texto, tentou uma definição desse tipo de filme, mas na verdade chegou a uma listagem dos seus atributos. Entendia que esse novo documentário, "ao invés de retratar, expor, explicar e naturalizar", deveria

> *subjetivar, metaforizar, silenciar, encenar, ignorar, ironizar ou intervir criticamente nos monumentos, documentos e outros traços do museu do autor; recusar erigir esse museu; assumir a parcialidade de toda leitura; buscar uma analogia com o processo fragmentário de produção do literário; mencionar o próprio filme, tornar consciente a intervenção, referir-se à feitura cinematográfica; desbiografizar, como que desfazendo a complementariedade sadia entre vida e obra.*[4]

4   Ibid., p. 69.

E concluía: "há tensões neste jogo, e tensões que não 'limpam' a função documental, com todo o seu poder de registro verdadeiro, mas se fazem no seu interior."[5]

Desse modo, não se trata de eliminar a função documental do filme sobre literatura, mas de pôr em questão sua infundada imparcialidade e, a partir daí, reconhecer e explorar sua dimensão ficcional. Só assumindo essa dimensão seria possível fazer um documentário mais "verdadeiro". A tensão produtiva entre documento e ficção é o foco da produção ensaística de Ana Cristina. Porém é mais do que isso. Ela marca toda a sua obra – seus ensaios e artigos e também sua poesia.

A pesquisa da Funarte foi uma etapa da experiência de Ana Cristina na universidade, já que era também parte de seu trabalho na pós-graduação na Escola de Comunicação da UFRJ. Ana se formou em Letras, na PUC-Rio, em 1975. Era um curso prestigiado, com professores destacados como teóricos e críticos literários. Alguns se tornaram seus amigos, como Clara Alvim e Cecília Londres. Seu amigo, o poeta Cacaso, também dava aulas no curso, mesmo se sentindo um pouco deslocado naquele ambiente de importantes universitários. Em um depoimento, Clara Alvim se referiu ao primeiro contato com Ana Cristina em suas aulas: em reação à linguagem hermética da professora chegada de Paris, Ana fingia que dormia ou dormia realmente. Aos poucos a professora se deu conta de que era melhor ler em sala boa literatura e a jovem aluna despertou – "ficou atenta, inteligente, e inutilmente aflita diante dos trabalhos e provas".[6]

Ana Cristina não era avessa a teorias, pelo contrário; seu conhecimento de teoria literária era impressionante para sua idade; leu Walter Benjamin e Octavio Paz antes de nós e tentou, com afinco, em parceria com sua professora Heloisa Bu-

5   Idem.
6   A. C. Cesar, *Correspondência incompleta*, p. 297.

84

arque, ler os teóricos da Escola de Frankfurt em italiano. No entanto, ia contra uma tendência muito forte nos cursos de Letras – eram os anos do estruturalismo – de exagerar na leitura dos textos teóricos e dar menos importância à própria literatura. Em um debate de que participou, nas páginas do jornal *Opinião*, provocado por um artigo do seu professor, Luiz Costa Lima, "Quem tem medo da teoria?", Ana preferiu adotar uma posição equilibrada.[7] Achava que recusar a teoria era embarcar em uma canoa furada, mas defendia que as faculdades de Letras incentivassem um acesso mais direto aos textos literários.

Tradutora

Outra etapa da formação universitária de Ana Cristina foi na Universidade de Essex, na Inglaterra, de 1979 a 1981, onde fez o mestrado em teoria e prática da tradução literária, com uma bolsa da Rotary Foundation. Conhecemos boa parte do dia a dia desse período porque as cartas para as amigas eram frequentes e havia muito o que contar. Foi o momento de maior atividade de Ana Cristina como escritora. Estava envolvida em vários projetos, como sua tese, que consistia na tradução comentada do conto "Bliss", de Katherine Mansfield, a preparação do livro da Funarte, *Literatura não é documento*, e a elaboração do seu terceiro livro de poemas, *Luvas de pelica*, que, como os anteriores *Cenas de Abril* e *Correspondência completa*, ambos de 1979, ainda tinha um formato artesanal. Na vida pessoal, começou um namoro com Christopher Rudd, o Chris, que aparece nas

---

7 *Opinião* era um semanário de oposição ao regime militar, criado em 1972 por Fernando Gasparian, no Rio de Janeiro. Teve como colaboradores alguns destacados escritores, cientistas sociais e pensadores da época. Foi feito sob a censura cerrada do AI-5. Durou até 1977.

cartas e poemas, com quem viajou e preparou seu livro. Os dois leram juntos *O morro dos ventos uivantes*, de Charlotte Brontë, e foram até a região de Yorkshire para conhecer o ambiente em que se passa o romance.

Ana Cristina se interessou em traduzir o conto de Katherine Mansfield por mais de um motivo. Como se sabe, trata-se de uma história extremamente bem construída do ponto de vista formal, e isto era muito valorizado por ela. Pôs como epígrafe do trabalho um trecho do diário da escritora: "Tenho paixão pela técnica. Tenho paixão por transformar o que estou fazendo em *algo completo* – se é que me entendem. Acredito que é da técnica que nasce o verdadeiro estilo. Não há atalhos nesse caminho".[8] Às vezes penso que a frase "se é que me entendem" foi um acréscimo da Ana, já que era esse seu jeito de falar. Essa paixão pela técnica significava, no caso de Ana Cristina, amor pelas palavras. Gostava de explorar os recursos do português e do inglês e de propor desafios, como quando me perguntou se eu sabia como se pronunciava a palavra inglesa *aisles*. Eu não sabia. Em uma das suas notas de trabalho ela comentou o contraste entre a forma concisa, seca, quase matemática da língua inglesa, com "a pesada doçura e a marcação silábica" do português.[9]

O trabalho de tese de Ana Cristina é composto de três partes: uma introdução, na qual ela justifica suas escolhas de tradutora, em seguida, a tradução propriamente, e, por fim, as oitenta notas explicativas, comentários detalhados, às vezes longos, sobre tópicos da tradução.

O ensaio introdutório resultou da pesquisa dos escritos, da vida (sobretudo a partir do diário) da escritora neozelandesa e de estudos sobre ela. Há também uma parte relativa a temas específicos de teoria da tradução. Ana Cristina se interessou

---

8   A. C. Cesar, *Crítica e tradução*, p. 325.
9   Ibid, p. 433.

pela utilização das duas vozes na composição da história – a do narrador que relata os acontecimentos e a da personagem principal, Bertha. Esse jogo de distanciamento e aproximação a atraía muito. Também chamou sua atenção o comentário do escritor Christopher Isherwood de que só conseguia pensar nos escritos de Katherine Mansfield levando em conta a indivisível composição de ficção e autobiografia. Essa foi também uma das marcas da obra de Ana Cristina.

A tradução do conto de Mansfield é muito bem-sucedida: fluente, muito ágil, com ritmo às vezes nervoso. Há uma outra tradução do conto por Julieta Cupertino, boa também; a de Ana, no entanto, tem uma concisão singular. Ana Cristina traduziu *bliss* por "êxtase" e, no título, pôs entre parênteses o termo em inglês. Também chamou de "árvore" a pereira que Bertha vê do balcão, e que tem um significado especial na narrativa. Nem todos ficaram de acordo com suas soluções. Um de seus examinadores entendeu que *bliss* contém uma ideia de bênção que não aparece na palavra "êxtase". Julieta Cupertino, a tradutora da editora Revan, usou "felicidade", mas também precisou se justificar em uma nota. A opção de Ana por "êxtase" é o assunto da primeira nota da tradução, que ela achava que seria a única a ser mantida em uma edição brasileira. Ela defende que "êxtase" é mais forte que "felicidade" e que a palavra sugere uma espécie de suprema alegria paradisíaca, que só pode ser sentida em ocasiões muito especiais.[10] Baseada na interpretação de Christopher Isherwood, incluída no livro de Paul Piazza, *Myth and Anti-Myth*, Ana afirma que as palavras *"bliss"* e "êxtase" estão associadas à felicidade que existe nas relações homossexuais, enquanto "felicidade", mais fraca, tem a ver com o amor heterossexual. Com isso ela pretendia também fazer referência à atração de Bertha por Miss Fulton, relatada no conto. Quem

10   Ibid, p. 368.

já leu a história sabe que qualquer expectativa nesse sentido é dramaticamente frustrada no desfecho.

Mesmo em um ensaio pode ser relevante fornecer informações sobre a vida do autor abordado. No caso específico de Ana Cristina, autora que incorporou na sua obra o complexo jogo entre a dimensão ficcional e a autobiográfica, isso é até imprescindível. Por outro lado, aspectos daquela época podem ser esclarecidos, ao levar-se em conta a história de vida de uma testemunha tão atenta. A trajetória e os escritos de Ana Cristina dizem muito da história da nossa geração, que se iniciou na vida adulta na passagem dos anos 1960 para os 1970, em uma época de transformação da mentalidade e dos costumes. Alguns de seus poemas e cartas fazem referência a namorados, mas em um tom muito mais de certo coquetismo que de forte paixão. Suas amizades eram em geral com mulheres, e é possível que houvesse nelas um componente homossexual, mas tudo se passava de forma muito velada. Depois do retorno da segunda viagem à Inglaterra, Ana se envolveu em um relacionamento muito intenso com uma amiga que já conhecia há anos. Esse talvez tenha sido o momento em que viveu pela primeira vez o êxtase a que se refere na nota da tradução de Katherine Mansfield. Houve um momento, na história acidentada desse amor, em que já não havia lugar para nenhum coquetismo e, por fim, tampouco a poesia foi de alguma valia.

O principal desafio de Ana Cristina como tradutora foi a tradução de poesia. Várias vezes insistiu que era urgente "levantar a tão maltratada questão da tradução de poesia entre nós".[11] Traduziu Emily Dickinson, Marianne Moore, William Carlos Williams, Sylvia Plath, Dylan Thomas e poetas poloneses contemporâneos, com Grażyna Drabik. Dizia que a tradução dos poemas curtos de Dickinson tinha sido um castigo, mas também

11 Ibid., p. 290.

uma felicidade. Como transpor a concisão da poeta americana para o português com sua sintaxe intrincada? As soluções de Ana são brilhantes. Para o primeiro verso do impressionante poema 1026 – *The Dying need but little, Dear* – ela usou, ao invés do terrível "moribundo" – "Os que estão morrendo, amor." Talvez sua melhor tradução de Emily Dickinson seja a do poema 485, que segue:

Fazer a Toalete – depois
Que a Morte esfria
O único Motivo de fazê-la
É difícil, e todavia –

É mais fácil que fazer
Tranças, e Corpetes apertados –
Quando olhos que afagaram
Por Decálogos são – arrebatados – [12]

Aqui, de novo, as traduções são acompanhadas de longos comentários. Ana Cristina os justificava citando uma declaração de Vladímir Nabókov: "Desejo que as traduções tenham muitas notas de pé de página, notas que subam, como arranha-céus, até o topo das páginas, deixando entrever apenas a tênue sugestão de uma linha de texto entre o comentário e a eternidade". [13]

As traduções de Sylvia Plath foram feitas algumas apenas por Ana e outras em parceria com Ana Cândida Perez. Participou, com traduções de Plath, de uma antologia muito prestigiada da

---

12 *To make One's Toilette – after Death/ Has made the Toilette cool/ Of only Taste/ we care to please/ Is difficult, and still –// That's easier – than Braid the Hair –/ And make the Bodice gay –/ When eyes that fondled it are wrenched/ By Decalogues – away – away –*. Ibid, p. 445.

13 Ibid, p. 433.

nova poesia norte-americana, *Quingumbo*. No tom irônico de sempre, disse para a amiga que o livro contava com a participação de outros tradutores "poetas e poetinhas e poetões". Achava a poesia de Sylvia Plath muito forte, mas sua apreciação geral nem sempre foi entusiasmada. A seu ver, o conjunto dos poemas manifestava uma obsessão cega, um hálito suicida muito sufocante, que acabava por cegar. Ana discutiu com Ana Cândida a tradução do poema *Elm* ("Olmo"), afinal não incluída no livro, e propôs versões para três estrofes. Para a segunda estrofe "– É o mar o que ouves em mim,/ Insatisfeito?/ Ou a voz do nada, tua loucura? –, para a terceira – O amor é uma sombra./ Como mentes e choras por ele./ Ouve: são seus cascos: fugiu como um cavalo –, e para a sétima – Agora me desfaço em pedaços que voam como projéteis/ Vento tão violento/ Que não tolera amparo".

Ana Cristina também traduziu Dylan Thomas, e propôs duas versões do poema "*Do not go gentle into that good night*". Numa primeira pôs como título "Não aceita conformado a noite mansa" e na segunda, "Não entres docilmente nesta noite mansa". Como escolher entre as duas?

Uma realização muito singular foi a tradução, no último período da vida, com Grażyna Dabrik, de poetas poloneses contemporâneos. Para um olhar retrospectivo, é intrigante e soa premonitória a tradução do poema "Quarto do suicida", de Wisława Szymborska:

Vocês devem achar, sem dúvida, que o quarto esteve vazio.
Mas lá havia três cadeiras de encosto firmes.
Uma boa lâmpada para afastar a escuridão.
Uma mesa, sobre a mesa uma carteira, jornais.
Buda sereno, Jesus doloroso,
sete elefantes para boa sorte, e na gaveta – um caderno.
Vocês acham que nele não estavam nossos endereços?

Acham que faltavam livros, quadros ou discos?
Mas da parede sorria Saskia com sua flor cordial,
Alegria, a faísca dos deuses,
a corneta consolatória nas mãos negras.
Na estante, Ulisses repousando
depois dos esforços do Canto Cinco.
Os moralistas,
seus nomes em letras douradas
nas lindas lombadas de couro.
Os políticos ao lado, muito retos.

E não era sem saída este quarto,
ao menos pela porta,
nem sem vista, ao menos pela janela.
Binóculos de longo alcance no parapeito.
Uma mosca zumbindo – ou seja, ainda viva.

Acham então que talvez uma carta explicava algo.
Mas se eu disser que não havia carta nenhuma –
éramos tantos, os amigos, e todos coubemos
dentro de um envelope vazio encostado num copo.[14]

Assim como foi uma poeta reflexiva, que se concentrava de forma estudiosa no que escrevia, Ana Cristina tinha também uma visão muito elaborada dos problemas de tradução. Aproveitou um artigo sobre duas antologias de poemas traduzidos, as de Manuel Bandeira e de Augusto de Campos, para apresentar sua posição. Entendia que, nos dois casos, as traduções foram prejudicadas por uma intervenção excessiva dos tradutores. No caso de Bandeira foi a forte personalidade poética que se impôs. Os poemas de diversos poetas e de diversas épocas

---

14 *Religião & Sociedade*, Rio de Janeiro, n. 11/ 1 jul 1984.

foram escolhidos de acordo com o interesse do tradutor por determinados temas que lhe eram caros: a morte, o sofrimento, o fim de um amor, a melancolia, a fugacidade da vida, a noite e seus presságios, a beleza, a sensualidade, a mulher. Bandeira transferiu de forma tão impactante sua própria poética para os poemas que traduziu que sua antologia pode ser lida como uma coletânea de poemas de sua autoria. No caso de Augusto de Campos, também se observa a projeção das preocupações do tradutor nos poemas que escolheu. Nesse caso, a defesa da plataforma concretista determinou a seleção dos poemas e o estilo da tradução. Uma preocupação pedagógica e até autoritária teria prejudicado o trabalho do tradutor. Ana tomou distância das duas posições. Sugeriu que não se incorporassem, no trabalho do tradutor, critérios externos ao próprio exercício da tradução, como o gosto, o estilo ou os interesses teóricos e políticos.

Ana Cristina achava que o tradutor precisava abordar o poema a ser traduzido com uma perspectiva mais desinteressada e, até mesmo, mais generosa. Vê-se pelos resultados alcançados que ela levou muito a sério a recomendação. Em um texto de 1980, feito em Londres, publicado postumamente, Ana expôs de novo sua concepção da tradução, comentando a versão de "Elegia", do poeta elisabetano John Donne, na tradução de Augusto de Campos, musicada por Péricles Cavalcanti e interpretada por Caetano Veloso no disco *Cinema transcendental*. O comentário termina se concentrando na figura de Caetano, considerado um colaborador da tradução, um erudito, poeta letrado, cuja concepção da leitura se incorpora naquilo que produz. Nesse sentido, Ana se identificava com o músico. Ela também achava que a compreensão teórica do ato de traduzir e do próprio fazer poético deveria estar presente no trabalho ele mesmo, de tradução ou de poesia, e que a teoria não deveria pairar acima da obra, sem nenhuma função criativa.

Crítica e colunista

Parte da atuação de Ana Cristina como crítica ocorreu em jornais e revistas. Foi colunista de *Opinião*, na última fase, até 1977. Tratou, em suas crônicas, de temas que a atraíam intelectualmente e que repercutiram de algum modo na sua obra. Em 1976 tinha saído o livro de Carlos Sussekind, *Armadilha para Lamartine*, obra singular na ficção brasileira, na sua opinião. Além de fazer um breve comentário, a colunista reproduziu uma entrevista feita com o autor, em que abordava especialmente o caráter autobiográfico do livro. Como se sabe, o escritor aproveitou o diário do pai como base para seu trabalho, o que lhe dá por certo um teor biográfico. Ana Cristina era da opinião de que, mesmo tendo uma dimensão biográfica, *Armadilha para Lamartine* deveria ser lido e avaliado como obra de ficção. Este era também o ponto de vista do autor e do prefaciador do livro, o psicanalista Hélio Pellegrino.

Como se vê, Ana Cristina acreditava que todo texto literário e mesmo toda arte, inclusive o documentário cinematográfico, têm um caráter ficcional. Nesta mesma direção, argumentou em outro artigo, no *Jornal do Brasil*, que mesmo as cartas pessoais, com seu tom muitas vezes confessional, são literatura de ficção. Na ocasião, tinham sido publicadas as cartas do poeta romântico Álvares de Azevedo, objeto da atenção de Mário de Andrade em um texto dos anos 1930.[15] Ana concordava com o modernista em sua avaliação de que em toda literatura há fingimento, não em um sentido pejorativo, naturalmente, mas porque ela sempre é invenção e, portanto, ficção.

Ana foi uma missivista frequente e boa parte de sua correspondência é conhecida, tendo sido editada em livro.[16] A sua

---

15 "O poeta é um fingidor", in A. C. Cesar, op. cit., p. 231-232. Cf. M. de Andrade, "Amor e medo", in *Aspectos da literatura brasileira*.

16 A. Freitas Fillho, H. Buarque de Hollanda, op. cit.

convicção de que as cartas eram peças literárias era tanta que ela propôs à amiga Ana Cândida que publicassem em livro as que trocavam. Na época do lançamento de *A teus pés* (1982), correspondeu-se com Caio Fernando Abreu, que morava em São Paulo, de quem se sentia próxima em vários aspectos.[17] Os dois eram escritores estreantes, com livros contratados pela Brasiliense, em uma coleção, Cantadas Literárias, que prometia ser um sucesso. Caio escreveu na quarta-capa de *A teus pés* uma nota em que destacava o que considerava ser mais característico da poesia de Ana: a proximidade de poesia e prosa, dos aspectos dramático e irônico, culto e emocional, cerebral e sensível. Ana Cristina contou para o amigo que temia uma excessiva exposição da sua intimidade com o lançamento do livro. Imediatamente acrescentou que vivia uma relação apaixonada com outra mulher, com rupturas e reconciliações, sempre acompanhada por uma psicanalista lacaniana, cercada de mulheres, e não querendo ser vista como parte da "colônia gay".[18]

Em uma outra direção, demonstrando que se tratava de uma via de mão dupla, Ana fez o seu segundo livro, *Correspondência completa*, de 1979, na forma de uma carta. Seu terceiro livro, feito na Inglaterra, *Luvas de pelica*, de 1980, adota, de certa maneira, a mesma solução.

O jogo entre o aspecto biográfico e o ficcional virou assunto da poeta em *Correspondência completa*, ao mencionar o modo de ler dos dois personagens Gil e Mary:

Fica difícil fazer literatura tendo Gil como leitor. Ele lê para desvendar mistérios e faz perguntas capciosas, pensando que cada verso oculta sintomas, segredos biográficos. Não perdoa

---

17 C. F. Abreu, "Por aquelas escadas subia como uma diva", *O Estado de S. Paulo*, Suplemento de Cultura, 25 jul 1995.

18 Idem.

o hermetismo. Não se confessa os próprios sentimentos. Já Mary me lê toda como literatura pura, e não entende as referências diretas.[19]

A razão de os textos de Ana serem tão bem-sucedidos é que ela nunca quis juntar Gil e Mary em um mesmo personagem, mas sempre os deixou muito próximos, sentados em torno da mesma mesa.

A literatura feminina foi outro assunto tratado por Ana Cristina em suas crônicas. Pode ser que esse interesse tenha surgido nas conversas com a amiga Heloisa Buarque. Em carta enviada da Inglaterra, comenta o feminismo e as críticas que o movimento começava a receber. Em uma resenha de livros de duas poetas, Cecília Meireles e Henriqueta Lisboa, expôs sua opinião: achava que as duas expressavam para a crítica e para o público uma sensibilidade tipicamente feminina, e pretendia questionar esta ideia.[20] Notava que era simplificador e preconceituoso definir a literatura das mulheres pelos traços de doçura, imprecisão conceitual, gosto pelo vago e o elevado, e outras qualidades desse tipo atribuídas a elas. Ao mesmo tempo, desconfiava da posição oposta, que defendia que as mulheres tinham que se ocupar, em seus textos, de cenas pesadas de sexo e ser mais agressivas, mais masculinas. Preferia a posição da escritora Isabel Câmara, aliás, emprestada do compositor Antônio Maria, expressa em uma passagem que Ana adotou como epígrafe da sua crônica: "Ninguém me ama/ ninguém me quer/ ninguém me chama de Baudelaire". Era melhor ser vista como Baudelaire, como um poeta do mesmo tope que os demais, do que como poeta mulher.

---

19 A. C. Cesar, *Poética*, p. 50.
20 A. C. Cesar, *Crítica e tradução*, p. 256.

Poesia – o ritmo

Ana começou a escrever poemas ainda criança. Logo foi incentivada pela família, talvez mesmo de forma exagerada. Enviaram alguns poemas para a escritora Lucia Benedetti, que respondeu com uma cartinha amável. Na adolescência, os poemas eram naturalmente sentimentais e mostravam as aflições da menina muito sensível. "Onze horas" foi escrito aos dezesseis anos:

Hoje comprei um bloco novo.
Pensei: a você o bloco, a você meu oco.
Ao lápis a mão e os pensamentos em coro
Me sugeriam rimas e sons mortos.
Para coisa. Se oculta, rosto.
Cessa estes ecos porcos,
Esta imundície coxa, este braço torto
Reabre o tapume verde do poço,
Salta dentro, ao negrume tosco
E se nada resta afoga-se no lodo
Para que sobre o resto do nada, o sono.
(Sussurro:) Euvocê.[21]

Quando foi passar uma primeira temporada na Inglaterra, entre 1969 e 1970, Ana amadureceu sua escrita e experimentou, mas não de todo ainda, incorporar em seus poemas a alusão ao prosaico e ao cotidiano, o que seria mais tarde um procedimento habitual. Em "Primeiras notícias da Inglaterra", escreveu:

Espremendo cravos
(imundícies primeiras num rosto semi-infantil)
beberico

21 A. C. Cesar, *Poética*, p. 145.

os nevoeiros britânicos em mim e por fora
(e o amor se germanizando todo)[22]

O registro poético de elementos do cotidiano e a assumida coloquialidade foram características que fizeram a poesia de Ana Cristina se tornar muito admirada pelos leitores jovens. A incorporação desses aspectos foi até certo ponto espontânea, mas resultou em grande parte da aquisição de cultura literária na universidade e do contato com leitores muito críticos. Ao entrar para a universidade, em 1971, Ana teve acesso ao debate teórico em que estavam envolvidos seus professores. Foi também a oportunidade para ampliar seu conhecimento de literatura. Leu com atenção os poetas brasileiros do modernismo, especialmente Mário de Andrade, Manuel Bandeira e Carlos Drummond de Andrade. Em 1972, ao descobrir *Invenção de Orfeu*, de Jorge de Lima, ficou tão impressionada que utilizou várias passagens como base de alguns poemas. Talvez incentivada pela própria ideia de invenção, Ana manteve a forma muito característica do livro e exacerbou a zoologia fantástica que nele já estava presente. Os sete poemas podem ser vistos como estudos pormenorizados da obra máxima do nosso poeta cristão.

A essa altura, também leu poesia moderna inglesa, francesa, desde Baudelaire, e norte-americana. O impacto da leitura de Walt Whitman, um poeta muito querido dos nossos modernistas, foi imenso. A mesma coisa aconteceu em relação a T. S. Eliot. As referências explícitas ou não aos poemas de Eliot são frequentes – à "Canção de amor de J. Alfred Prufrock", a "Terra desolada" e aos "Quatro quartetos". A valorização dos temas do cotidiano e a adoção de formas de expressão mais coloquiais foram reivindicações do movimento modernista internacional – quer dizer, de todos esses poetas. Ana Cristina partilhou desse ideal e até o exacerbou.

22 Ibid., p. 167.

A incorporação da coloquialidade foi responsável por um dos traços mais característicos da poesia de Ana Cristina – o ritmo. A leitura de seus livros – apenas quatro foram publicados, sendo que só o último, *A teus pés*, em uma editora comercial – mostra que, até o final, Ana observou determinado critério rítmico. Esta opção por uma cadência bem marcada pode ser notada em todos os seus livros. Do primeiro, *Cenas de abril*, escolho quase ao acaso o poema final, em prosa, "Na outra noite no meio-fio", inspirado em uma passagem do poeta *beat* Jack Kerouac:

Jack me pegou desprevenida durante o descanso vespertino. Subiu nas minhas costas e desceu a boca nas dobras grudentas do pescoço. Não mexi e deixei que os dentes trincassem preso o corpo todo. As mãos de Jack parece que entenderam e vieram muito por cima pros meus peitos. As pernas de Jack entenderam e mudas deram voo rasante pelas minhas. Meus dentes seguraram: não me movi pela tesoura. Jack entendeu e não passou de mariposa. Rasteiro se afastou e era como se tivéssemos dormido a noite inteira sem reparos.[23]

Do segundo livro, *Correspondência completa*, sublinho o parágrafo:

Sonho da noite passada: consultório escuro em obras; homens trabalhando; camas e tijolos; decidi esperar no banheiro, onde havia um patinete, anúncios de pudim, um sutiã preto e outros trastes. De quem seria o sutiã? Ele dormiu aqui? Já nos vimos antes, eu saindo e você entrando? Deitados lado a lado, o braço dele me tocando. Chega para lá (sussurro). Ela deu minha blusa de seda para a empregada. Sem ele não fico em casa. Há três dias que pareço morar onde estou (ecos de

23 Ibid., p. 43.

Ângela). *Aquele ar de desatenção neurológica me deixa louca.*
Saímos para o corredor. Você vai ter um filhinho, ouviu?[24]

Do terceiro, *Luvas de pelica*, escolho o "Epílogo":

I AM GOING TO PASS around in
a minute some lovely, glossy-blue picture postcards.
Num minuto vou passar para vocês vários cartões-postais
belos e brilhantes.
Esta é a mala de couro que contém a famosa coleção.
Reparem nas minhas mãos, vazias.
Meus bolsos também estão vazios.
Meu chapéu também está vazio. Vejam. Minhas mangas.
Viro de costas, dou uma volta inteira.
Como todos podem ver, não há nenhum truque, nenhum al-
çapão escondido, nem jogos de luz enganadores.
A mala repousa nesta cadeira aqui.
Abro a mala com esta chave mestra em cerimônias do tipo, se
me permitem a brincadeira.
A primeira coisa que encontramos na mala, por cima de tudo,
é – adivinhem – um par de luvas.
Ei-las.
Pelica.
Coisa fina.
Visto as luvas – mão esquerda... mão direita... corte... perfeito.
Isso me lembra...[25]

No último, "A teus pés", destacam-se os versos que abrem o
livro:

24 Ibid., p. 49.
25 Ibid., p. 72.

*Trilha sonora ao fundo: piano no bordel, vozes barganhando
uma informação difícil. Agora silêncio; silêncio eletrônico,
produzido no sintetizador que antes construiu a ameaça das
asas batendo freneticamente.*
Apuro técnico.
Os canais que só existem no mapa.
O aspecto moral da experiência.
Primeiro ato da imaginação.
Suborno no bordel.
Eu tenho uma ideia.
Eu não tenho a menor ideia.
(...) [26]

O mesmo ritmo acelerado, ofegante, está presente nessas passagens. A própria Ana declarou uma vez: "Não tenho ideias, só o contorno de uma sintaxe (=ritmo)." [27] A adoção desse ritmo muito marcado chega a deslocar para segundo plano a melodia do poema. Não há propriamente musicalidade nos versos de Ana Cristina. Eles não são melodiosos, são cadenciados. A poeta não era especialmente musical. No caso das canções que ouvia, gostava mais das letras que da melodia, e nunca foi muito sensível às sugestões dos amigos que apreciavam jazz. O ritmo desses poemas tem a ver com a cadência da fala, ou seja, deriva da incorporação da coloquialidade na poesia. São poemas que podem ser recitados em voz alta, como a poeta fez diversas vezes. Mário de Andrade sugeriu que o ritmo da música brasileira, em geral, provém diretamente da prosódia, isto é, da fala, tal como aconteceu também no canto gregoriano, na Idade Média. Disso resultou que nossa música nunca teve um ritmo propriamente musical. [28]

26 Ibid., p. 77.
27 Ibid., p. 237.
28 M. de Andrade, *Ensaio sobre a música brasileira*, p. 11.

Pode-se dizer algo parecido da poesia de Ana Cristina. Ela está comprometida com o ritmo da fala. No seu caso, porém, essa solução não dependeu apenas de um movimento espontâneo, mas de uma leitura estudiosa da poesia moderna.

Poeta extemporânea?

Ana Cristina se formou e escreveu sua obra nos anos 1970 e nos primeiros anos da década seguinte. Convém fixar aqui alguns marcos desse período. Desde o fim de 1968, com o AI-5, o regime militar entrara na fase mais repressiva. A oposição em geral foi calada e os mais radicais, eliminados. Em meados dos anos 1970, o presidente Ernesto Geisel deu os primeiros passos para distender o cenário político, em uma "abertura lenta, gradual e segura". Em 1975, houve eleições para o Congresso e venceu a oposição. Uma crise militar ocorreu, mas o governo a superou. Na segunda metade da década, instalou-se um clima de maior abertura, que culminou com a Lei da Anistia, de 1979. Na década seguinte firmou-se o processo de redemocratização, mas Ana Cristina não assistiria à campanha das Diretas, em 1984, nem ao fim da ditadura militar, no ano seguinte, com a eleição de Tancredo Neves para a presidência, por via indireta. Por outro lado, seria poupada de ver a irrupção da epidemia da Aids que matou vários amigos e que tornou aqueles tempos ainda mais sombrios. Tudo começou exatamente em 1983, no ano da sua morte.

No início dos anos 1970, como reação ao endurecimento do regime, à inviabilidade de participar em uma oposição formal e ao fracasso dos projetos da esquerda, os jovens começaram a experimentar formas de contestação que tinham por alvo não apenas a ditadura militar, mas todas as instituições consideradas opressivas. A própria noção de política se transformou para abrigar uma gama muito ampla de reivindicações. Essa mudança no modo de se conceber a política vinha ocorrendo desde a década anterior no mundo inteiro. O *flower power* dos *hippies*, as reivindicações de Maio de 1968, na França, como "a imaginação no poder", a valorização da obra do filósofo Herbert Marcuse, que relacionava a repressão sexual e a política, o movimento da antipsiquiatria refletiam essa alteração das bandeiras de contestação.

Um episódio de 1973, ocorrido no Rio de Janeiro, retrata o embate entre a esquerda tradicional, de formação marxista, vinda da década anterior, e os defensores das novas ideias. Ocorreu durante a visita de Michel Foucault à PUC do Rio. O filósofo francês apresentou uma série de palestras reunidas mais tarde no livro *A verdade e as formas jurídicas*.[29] Abordava a relação entre a política, os procedimentos jurídicos e os modos de se definir a verdade ao longo da história. Reconstituía o problema desde a Grécia antiga, apresentando uma interpretação da figura de Édipo na tragédia de Sófocles, e chegava à modernidade, com o exame do surgimento do poder disseminado nas várias instituições de controle, cujo modelo foi o panóptico idealizado por Jeremy Bentham.

Na aula inaugural, Foucault investia contra a visão marxista muito estreita da política e da ideologia, reduzidas a uma dimensão superestrutural da sociedade. Para o filósofo, diversamente, política e ideologia não deviam ser vistas como simples reflexo da dominação econômica, mas como instâncias específicas de controle e de mando. Foucault falava para o público de jovens universitários sobre assuntos que eles estavam ávidos para debater: a repressão da sexualidade, a loucura considerada de um ponto de vista muito heterodoxo, o controle da sociedade sobre os corpos, e apresentava uma literatura até então desconhecida. No final da palestra houve um debate que demonstrou a estranheza dos círculos de esquerda com as ideias apresenta-

29 M. Foucault, *A verdade e as formas jurídicas*.

das – foi uma conversa de surdos. A nata da intelectualidade da cidade não entendeu nada do que o filósofo havia exposto.

Ao longo desses anos, início dos anos 1970, houve uma proliferação de atividades culturais fora do circuito convencional. Poetas produziram seus próprios livros, vendidos em eventos e nos bares, surgiu um cinema "udigrúdi", que não dependia dos financiamentos da Embrafilme, exposições de arte saíram das galerias. Desde aquela época, foram feitos estudos sobre as transformações em curso. Houve o trabalho pioneiro do antropólogo Gilberto Velho, *Nobres e anjos: um estudo de tóxicos e hierarquia*,[30] que serviu como referência para o livro *Impressões de viagem*, de Heloisa Buarque de Hollanda,[31] com a descrição de um cenário urbano agitado mas angustiado. A própria Ana Cristina, na trilha de sua professora, fez um trabalho na Faculdade de Comunicação, expondo sua visão.[32] Na literatura e nas artes em geral duas direções predominavam: havia o pós-tropicalismo, cujo marco foi o show *Gal a todo vapor*, que incluía também poetas como Torquato Neto, e, em outra direção, os grupos de poetas "marginais", com sua produção febril de livros individuais e de publicações coletivas, em geral lançados em recitais que eram também *happenings* e festas. Em 1976, saiu o livro *26 poetas hoje*, organizado por Heloisa Buarque de Hollanda, que pretendeu fazer o mapeamento dos principais nomes dessa nova leva de autores.[33]

Ana Cristina manteve-se à margem disso tudo. Com muita determinação, ela criou seu próprio mundo. Sua família era de protestantes progressistas com participação nos meios esquer-

---

30 G. Velho, *Nobres e anjos: um estudo de tóxicos e hierarquia*.
31 H. Buarque de Hollanda, *Impressões de viagem: cpc, vanguarda e desbunde – 1960/70*.
32 A. C. Cesar, *Crítica e tradução*, p. 244.
33 H. Buarque de Hollanda, *26 poetas hoje*.

distas, o que motivou inclusive uma busca da polícia na casa em que ela morava com os pais em Copacabana. O progressismo dos pais também explica a transferência de Ana do colégio religioso em que estudava, muito conservador, para uma escola pública. Talvez por influência desse ambiente familiar, em algumas ocasiões Ana fez declarações bombásticas contra a ditadura, mas logo mudava de assunto. Uma carta para a amiga Ana Cândida Perez, escrita no dia da morte do ex-presidente cassado Juscelino Kubitschek, em agosto de 1976, dá uma ideia da sua atitude:

pela primeira vez em anos se juntaram as multidões cantando juntas, quase quase uma manifestação. Clima muito agitado no ar. Boatos & rumores. Há gente comprando mantimentos (minha mãe até) e disseram que o Geisel teve que convocar o alto Comando Militar para decretar luto oficial. A manchete do dia é poesia – você não acha? Especialmente sem as aspas, e pense na letra da música (vou fazer um quadro).[34]

Também não se sentia ligada a qualquer dos grupos de poetas marginais existentes na cidade. Podia frequentar os mesmos recitais, mas comentava com ironia a seu respeito. Aparentava até certa arrogância e sabia que seu conhecimento de literatura contrastava com a visão muito ingênua de seus amigos de geração. Também sua postura não era nem um pouco marginal, no sentido habitual. Não era nenhuma moça "bem--comportada", mas não usava drogas, tinha sido professora de inglês por vários anos, na Cultura Inglesa, foi bolsista do Rotary Club e, quando voltou da Inglaterra, foi trabalhar na tv Globo, revendo textos. A certa altura, recorreu a Michel Foucault, um pensador na contracorrente, para debater o papel dos professores nos cursos de letras, referindo-se ao conceito de sa-

34 A. C. Cesar, *Correspondência incompleta*, p. 222.

ber-poder.[35] Mas também não insistiu no assunto. Ana poderia ter participado dos debates feministas, mas isso tampouco lhe interessava. Sua personalidade e poesia não se encaixavam em nenhuma orientação definida, e sua relação com seu tempo pode ter sido de alguém que estava à margem da margem.

É possível que a própria natureza do fazer poético tenha favorecido esse desprendimento de todos os padrões. Há um poema de *A teus pés* que resume a compreensão da poeta de sua própria obra. Como aconteceu outras vezes, foi escrito em um momento de crise e de interrogação.

Vacilo da vocação

Precisaria trabalhar – afundar –
– como você – saudades loucas –
– nesta arte – ininterrupta –
de pintar –

A poesia não – telegráfica – ocasional –
me deixa sola – solta –
à mercê do impossível –
– do real.[36]

O poema explora a comparação entre a pintura e a poesia. O pintor desenvolve seu trabalho em um curso contínuo que se aprofunda. Um quadro é o resultado de uma atividade ininterrupta. Já a poesia é instantânea, telegráfica, espontânea, ocasional. O pintor se sente seguro na lida com sua obra paulatinamente construída e nunca está sozinho, já que tem sempre a tela à sua frente. A feitura de um poema é arrebatamento, ela

---

35 A. C. Cesar, *Crítica e tradução*, p. 167.
36 A. C. Cesar, *Poética*, p. 99.

tira do prumo e deixa sozinho. Ao invés de prender, solta. Fica-se então à mercê do impossível. E o impossível é, para Ana Cristina, o próprio real.

A década de 1970 foi de desmobilização política, de agitação festiva, e de muito desespero. O encolhimento da participação política favoreceu um recuo para a subjetividade, que passou a ser explorada de várias formas: algumas vezes pela arte, com resultados brilhantes, como a poesia de Ana Cristina, outras vezes, com o uso de drogas, em viagens que podiam levar ao hospício e à morte. O suicídio de Torquato Neto, em 1973, provocou forte comoção. Seus escritos foram reunidos e publicados pouco depois, em *Os últimos dias de Paupéria*, trazendo o depoimento de um dramático processo de depressão, com passagens por instituições psiquiátricas.[37]

Literatura feminina – interlocução

Se Ana Cristina não aderiu às posições feministas, ela acreditava em uma literatura feminina. Em depoimento a um curso sobre literatura de mulheres no Brasil, afirmou que a literatura feminina não era feita só por mulheres, tanto assim que via em Guimarães Rosa um escritor feminino.[38] Para ela, a literatura feminina era motivada pela busca de interlocução. Era, para Ana, possível fazer um histórico de sua formação, começando quando o menino ou a menina, geralmente solitários, recorriam ao diário, ao "querido diário", como primeiro interlocutor. No momento seguinte, passavam a escrever cartas, primeiro para um confidente imaginário, depois, com sorte, para um in-

37 A obra de Torquato Neto foi reunida em dois volumes, pela Rocco, com organização de Paulo Roberto Pires.

38 A. C. Cesar, *Crítica e tradução*, p. 292.

106

terlocutor real. Estas eram as formas mais imediatas de escrita. Os leitores de Ana Cristina sabem do uso, em seus poemas, das formas do diário e das cartas. Em 1976, na antologia *26 poetas hoje*, publicou os poemas "Simulacro de uma solidão", "Arpejos" e "Jornal íntimo", todos em forma de diário. *Cenas de abril*, de 1979, retoma dois deles e acrescenta uma longa série de poemas datados, como anotações de um diário. O segundo livro – *Correspondência completa*, também de 1979 – é uma carta, dirigida a *"My dear"* e assinada por "Júlia". *Luvas de pelica*, de 1980, contém elementos de diário e de cartas. *A teus pés*, de 1982, usa menos explicitamente esse recurso, mas o livro todo insiste na busca de interlocução, como na seguinte passagem de "Fogo do final", contendo a referência a Baudelaire:

(...)
É para você que escrevo, hipócrita.
Para você – sou eu que te seguro os ombros e grito verdades nos ouvidos, no último momento.
Me jogo aos teus pés inteiramente grata.
Bofetada de estalo – decolagem lancinante – baque de fuzil. É só para você y que letra tán hermosa. Pratos limpos atirados para o ar. Circo instantâneo, pano rápido mas exato descendo sobre a tua cabeleira de um só golpe, e o teu espanto!
(...) [39]

Isso tudo confere à obra poética de Ana um tom confessional. Um poema se alimenta de sua origem e esta consiste na necessidade de interlocução. Entretanto, a poeta afirmou várias vezes que pretendia, ao escrever, desmontar a ilusão da revelação biográfica, tomar distância de todo esse "lado de cartas... e diários íntimos... e correspondências... e ocultamentos. E queria

---

39 A. C. Cesar, *Poética*, p. 121.

dizer para vocês que isso é desmontado em *A teus pés*". [40] E o leitor reconhece intuitivamente que nenhum desses poemas é propriamente biográfico. Um poema só pode ser visto como tal ao se assumir como invenção. A própria Ana concluiria: ao se assumir como fingimento, como ficção.

Nos poemas de Ana Cristina estão em tensão o aspecto subjetivo, relativo a sua origem, entendida como busca da interlocução, e o objetivo, que tem a ver com a determinação do seu estatuto propriamente literário. Essa tensão cresceu até o final, nos escritos de 1983, que fazem um claro apelo ao leitor e, ao mesmo tempo, são formalmente muito mais elaborados do que tudo que já tinha escrito. Se fosse o caso de arriscar alguma interpretação dos poemas finais, diria: neles, a busca da interlocução não encontrou resposta.

Os últimos poemas falam de partida, de um retorno em dez anos, de um testemunho que teria que dar, enfim, da busca de um interlocutor. "Contagem regressiva" é o mais impressionante. Guardo a lembrança do impacto quando ouvi, em uma noite, sua leitura feita pela própria poeta. Foi em um daqueles recitais que aconteciam pela cidade, em algum bar da Zona Sul, e outros autores estavam presentes. Mas ninguém tinha aquela energia quando lia. Era uma leitura intensa e ao mesmo tempo contida. Cada sílaba falada parecia tocada de eletricidade.

Há, em primeiro lugar, nesse poema, um ritmo velocíssimo, a que se pode associar a imagem da máquina de escrever elétrica que ficou ligada, comparada a uma lebre louca solta pelo campo, perseguida por uma espécie de Alice no País das Maravilhas. Mais impressionante é que se trata do ritmo de uma contagem regressiva, que termina em um mergulho no silêncio de minutos e minutos, até chegar a um "já". Mas não é dito a que este "já" se refere. Seria um salto, um mergulho?

40 A. C. Cesar, *Crítica e tradução*, p. 292.

O poema é cheio de referências literárias, sobretudo aos poetas do modernismo que Ana admirava. Manuel Bandeira aparece na frase "estou cansado de todas as palavras"; o espírito de Drummond está presente em outras passagens. O poema é também a crônica da vida da poeta: a cena na praia do Leblon de dois homens que se picam, o assalto da casa que obriga ao inventário do que restou e do que levaram, o passeio ao Corcovado, com os pequenos guias, sábios a dar palpites, com todo tipo de ciência dúbia porém ágil, e de que é preciso escapar – "pernas para que te queremos!"

"Contagem regressiva" é um poema de amor. Manuel Bandeira foi o mediador que possibilitou à poeta expressar com suas próprias palavras os caminhos tortuosos da experiência amorosa. Bandeira escreveu:

Não te doas do meu silêncio:
Estou cansado de todas as palavras.
Não sabes que te amo?
Pousa a mão na minha testa:
Captarás numa palpitação inefável
O sentido da única palavra essencial
– Amor.[41]

Ana contrapôs, em tom certamente mais pessimista:

(...)
mesmo porque nem mesmo a tua mão solta no meu rosto,
reconfirmando amor, poderia
sossegar
garantir
(...) [42]

---

41 M. Bandeira, *Estrela da vida inteira*, p. 173.
42 A. C. Cesar, *Poética*, p. 270.

A expectativa de interlocução aparece em "Contagem regressiva" como o assunto central, agora em um relato cheio de ansiedade e de frustração. O poema faz menção à cena da poeta lendo em público seu poema, buscando a atenção de alguém que, por algum motivo, não podia encarar:

(...)
saberias então que hoje, nesta noite, diante desta gente,
não há ninguém que me interesse e meus versos
são apenas para exatamente esta pessoa que
deixou de vir
ou chegou tarde, sorrateira, de forma que não posso,
gritar ao microfone com os olhos presos nos seus olhos
baixos, porque não te localizo e as luzes da ribalta
confundem a visão,
(...) [43]

Por fim, em um dos últimos poemas, de outubro de 1983, a invocação retorna nos versos:

(...)
Querida, lembra nossas soluções?
Nossas bandeiras levantadas?
O verão?
O recorte dos ritmos, intacto?
É para você que escrevo, é para
                                    você.

"My life closed twice before its close."
Emily Dickinson. [44]

---

43 Ibid., p. 274.
44 Ibid., p. 307.

110

Os escritos de Ana Cristina, especialmente sua poesia, se organizam a partir de uma série de combinações – e também de choques – de forças muitas vezes divergentes. Em primeiro lugar, há a afirmação de que a literatura é invenção ou ficção, mas também é dito que ela guarda sempre um caráter documental. A situação se torna ainda mais complexa, pois Ana declara no seu poema que o impossível é o real. Ela poderia, até, por esse motivo, reivindicar ser chamada de escritora realista. Em segundo lugar: Ana Cristina é uma poeta reflexiva. O componente crítico, intelectual, está sempre presente em tudo que escreve. A crítica e a teoria não se apresentam como instâncias que, de fora, refletem e avaliam. A reflexão crítica sobre o poema está incorporada na sua feitura. Ana seria, por este motivo, uma poeta moderna, se acompanharmos a tese de Octavio Paz, bem conhecida da poeta, de que, na era moderna, poesia e crítica andam juntas. Em terceiro lugar: a coloquialidade é uma das marcas da poesia de Ana Cristina, e isso lhe confere um acentuado ar de espontaneidade. Sabe-se, no entanto, que esta coloquialidade foi conquistada com muito exercício, dependeu de um árduo trabalho de elaboração formal. Nesse ponto, Ana Cristina acompanhou os poetas modernos de sua admiração. Os versos mais sofisticados de Whitman, de T. S. Eliot ou de Manuel Bandeira parecem acolher o que é banal, mas são construções meticulosas. Por fim, a poesia de Ana é e não é confessional. Se seus versos apenas expressassem sua intimidade não seriam poesia. Ao mesmo tempo, eles contêm um apelo de interlocução, e este está enraizado profundamente na sua vida.

Longe e perto

Formas diferentes de conceber e vivenciar a relação da literatura e da música com a vida foram assunto das três partes deste livro. Na primeira, com o foco em *Quarup*, de Antonio Callado, foi abordada uma visão da literatura comprometida com a expressão de um ideal político e como meio de intervir no contexto da época. *Quarup* é, também, a confissão de um grande desapontamento. A presença de atitudes e estados de espírito tão díspares não diminui, mas intensifica, o interesse na leitura. O show *Gal a todo vapor* ocorreu em um momento de mudanças nos cenários político e cultural. A época era de recrudescimento da repressão política e o espetáculo teve um significado catártico para aquele público de jovens. Os poemas de Ana Cristina Cesar contêm um apelo para escapar da solidão. Freud afirmou que a escrita foi, em sua origem, a voz de uma pessoa ausente. Através de seus versos a poeta buscou a interlocução com um leitor imaginário. A questão aqui deixada em aberto diz respeito à extemporaneidade da obra da poeta. Sua recusa a se deixar levar pelos modismos do seu tempo pode ter sido a forma mais rigorosa de contestá-lo.

Escritores e artistas, ao longo dos séculos, com suas obras, tomaram posição diante dos desafios de seu tempo e pretenderam promover o melhoramento da condição humana. Nesse caso, a literatura e a arte se puseram a serviço da vida. Essa atitude generosa e, por vezes, politicamente desafiadora, correu sempre o risco de ser desvirtuada. Na Era Moderna, dominada pelo utilitarismo, a literatura e as artes foram vistas, frequentemente, como meios para atingir um fim situado fora delas. O problema de toda concepção utilitarista é de que o fim perseguido acabe por destituir de valor os meios utilizados para alcançá-lo. Se porventura, em algum momento, a humanidade chegasse a uma situação de bem-estar, a literatura não seria mais necessária. No caso específico de Antonio Callado, prevaleceria a solução dada à trajetória do personagem Nando, que abandona tudo para aderir à luta armada – um meio mais eficaz de efetuar a mudança política pretendida. Nesse ponto o romance é interrompido. A crença utilitarista, no entanto, não é assumida integralmente – afinal, *Quarup* é um romance, e, poucos anos depois, outros livros foram escritos, nos quais o autor inclusive reviu seu ponto de vista.

Há na literatura, desde a Antiguidade, a noção de que a arte tem um poder curativo. A formulação clássica do assunto encontra-se na *Poética* de Aristóteles. A tragédia deveria inspirar no público a piedade e o temor, e esses sentimentos promoveriam a purgação do sofrimento. A relação da arte com a vida ensejaria uma alteração afetiva do público, um apaziguamento que levaria a uma compreensão adequada da trama. Uma variante moderna dessa concepção foi introduzida pela estética alemã, que defendeu que toda arte envolve a empatia – *Einfühlung* – do espectador com a obra. Em *Gal a todo vapor*, as duas experiências estão presentes. Tanto nos momentos mais tristes quanto nos mais exaltados, o público era carregado por uma enorme onda de congraçamento. Por outro lado, uma força ordenadora atuava e interagia com intensa carga dramática. Essa perspectiva construtiva fazia o espetáculo não se esgotar na emoção, como acontecia com outros da mesma época, podendo ser apreciado na sua organização.

Desde que existe poesia, a invocação da pessoa amada é um tópico recorrente, no "Cântico dos Cânticos", nos poemas de Safo, em Camões e em Manuel Bandeira. Ana Cristina Cesar também fez uso desse recurso literário. Ela declarou várias vezes que a literatura deve ser lida como invenção, não como um depoimento biográfico. Ao mesmo tempo, também afirmou que a busca de interlocução é a origem da poesia, é o que a alimenta. Não há solução para o confronto das duas afirmações. Lembro, de novo, os personagens Gil e Mary, de *Correspondência completa*. Estão sentados em torno de uma mesa: ele só se interessa pelos segredos biográficos, "lê para desvendar mistérios"; Mary só lê como literatura pura. A força da poesia de Ana Cristina tem a ver com essa conversa que não acaba.

Referências bibliográficas

ABREU, Caio Fernando. "Por aquelas escadas subia como uma diva", *O Estado de S. Paulo*, Suplemento de Cultura, 25 jul 1995, p. 1-2.

_____ . *O essencial da década de 1970*. Rio de Janeiro: Nova Fronteira, 2014.

ALCIDES, Sérgio. *Armadilha para Ana Cristina*. Rio de Janeiro: Verso Brasil Editora, 2016.

ALMANAQUE BIOTÔNICO VITALIDADE. Rio de Janeiro: Nuvem Cigana, s/d.

ANDRADE, Mário de. *Ensaio sobre a música brasileira*. São Paulo: I. Chiarato, 1928.

_____ . *Aspectos da literatura brasileira*. São Paulo: Martins, 1974.

BANDEIRA, Manuel. *Estrela da vida inteira*. Rio de Janeiro: Nova Fronteira, 1993.

BARROS, Marco Antônio de. "A Lei de Segurança Nacional e a legislação penal militar", *Justitia*, São Paulo, v. 63, n. 193, jan/mar 2001, p. 13-37. Disponível em <http://bdjur.stj.jus.br//dspace/handle/2011/23788>. Acesso em 9 jun 2009.

BASTOS, Alcmeno. *A história foi assim: o romance político brasileiro nos anos 70/80*. Rio de Janeiro: Caetés, 2000.

BRASIL NUNCA MAIS. Petrópolis: Vozes, 2014.

BINET, Ana Maria. "A herança de um messianismo português: o sebastianismo brasileiro, histórias do passado e do presente", *Revista Convergência Lusíada*, n. 29, jan/jun 2013.

BUARQUE DE HOLLANDA, Heloisa (org.). *26 poetas hoje*. Rio de Janeiro: Editorial Labor do Brasil, 1976.

_____. *Impressões de viagem: CPC, vanguarda e desbunde – 1960/70*. Rio de Janeiro: Aeroplano, 2004.

CALLADO, Ana Arruda. *Antonio Callado: fotobiografia*. Recife: Cepe, 2013.

CALLADO, Antonio. *O esqueleto na Lagoa Verde: ensaio sobre a vida e o sumiço do coronel Fawcett*. São Paulo: Companhia das Letras, [1953] 2010.

_____. *Assunção de Salviano*. Rio de Janeiro: José Olympio, [1954] 2014.

_____. *A madona de cedro*. Rio de Janeiro: José Olympio, [1957] 2014.

_____. *Retrato de Portinari*. Rio de Janeiro: Paz e Terra, [1957] 1978.

_____. *Forró no Engenho Cananeia*. Rio de Janeiro: Nova Fronteira, [1964] 2009.

_____. *Quarup*. Rio de Janeiro: Civilização Brasileira, [1967] 1974.

_____. *Vietnã do Norte: advertência aos agressores*. Rio de Janeiro: Civilização Brasileira, 1969.

_____. *Bar Don Juan*. Rio de Janeiro: Civilização Brasileira, [1971] 1977.

_____. *Reflexos do baile*. Rio de Janeiro: Paz e Terra, [1976] 1977.

_____. *Sempreviva*. Rio de Janeiro: José Olympio, [1981] 2014.

_____. *A expedição Montaigne*. Rio de Janeiro: Nova Fronteira, 1982.

_____. *A revolta da cachaça*. Rio de Janeiro: Nova Fronteira, 1983.

_____. *Concerto carioca*. Rio de Janeiro: Nova Fronteira, 1985.

_____. *Memórias de Aldenham House*. Rio de Janeiro: José Olympio, [1989] 2015.

_____. *O homem cordial e outras histórias*. São Paulo: Ática, [1993] 1994.

_____. *Antonio Callado repórter*. Rio de Janeiro: Agir, 2005.

_____. *Censura e outros problemas dos escritores latino-americanos*. Rio de Janeiro: José Olympio, 2006.

CESAR, Ana Cristina. *Cenas de abril*. Rio de Janeiro: Edição da autora e amigos, 1979.

_____. *Correspondência completa*. Rio de Janeiro: Edição da autora e de Heloisa Buarque de Hollanda, 1979.

_____. *Literatura não é documento*. Rio de Janeiro: Funarte, 1980.

_____. *Luvas de pelica*. Inglaterra: Edição da autora, 1980.

_____. *A teus pés*. São Paulo: Brasiliense, 1982.

_____. *Escritos da Inglaterra*. Armando Freitas Filho (org.), São Paulo: Brasiliense, 1988.

_____. *Escritos no Rio*. Armando Freitas Filho (org.), Rio de Janeiro/São Paulo: Editora da UFRJ/Brasiliense, 1993.

_____. *Inéditos e dispersos*. Rio de Janeiro/São Paulo: IMS/Ática, 1998.

_____. *Correspondência incompleta*. Armando Freitas Filho e Heloisa Buarque de Hollanda (orgs.), Rio de Janeiro: Aeroplano/IMS, 1999.

_____. *Poética*. São Paulo: Companhia das Letras, 2013.

_____. *Crítica e tradução*. São Paulo: Companhia das Letras, 2016.

CHIAPPINI, Ligia. *Antonio Callado e os longes da pátria*. São Paulo: Expressão Popular, 2010.

COMISSÃO NACIONAL DA VERDADE. Relatório. 10 de dezembro de 2014.

DUNN, Christopher. *Brutalidade jardim*. São Paulo: Editora da Unesp, 2008.

FAVARETTO, Celso. *Tropicália alegoria alegria*. São Paulo: Ateliê Cultural, 2007.

FERRAZ, Eucanaã (org.). *Letra só: Caetano Veloso*. São Paulo: Companhia das Letras, 2005.

_____. *Inconfissões: Fotobiografia de Ana Cristina Cesar*. Rio de Janeiro: IMS, 2016.

FIGUEIREDO, Lucas. *Lugar nenhum: militares e civis na ocultação dos documentos da ditadura*. São Paulo: Companhia das Letras, 2015.

FOUCAULT, Michel. *A verdade e as formas jurídicas*. Rio de Janeiro: Nau Editora/PUC-Rio, 2013.

FREITAS FILHO, Armando; BUARQUE DE HOLLANDA, Heloisa; GONÇALVES, Marcos Augusto. *Anos 70: literatura*. Rio de Janeiro: Europa Emp. Gráfica, 1979/1980.

GABEIRA, Fernando. *O que é isso companheiro?*. São Paulo: Companhia das Letras, [1979] 1996.

GASPARI, Elio; BUARQUE DE HOLLANDA, Heloisa; VENTURA, Zuenir. *70/80: cultura em trânsito*. Rio de Janeiro: Aeroplano, 2000.

GASPARI, Elio. *A ditadura envergonhada*. São Paulo: Companhia das Letras, 2002.

_____. *A ditadura escancarada*. Rio de Janeiro: Intrínseca, 2014.

GULLAR, Ferreira. *Revista Civilização Brasileira*, n. 15, set. 1967.

HALLEWELL, Lawrence. *O livro no Brasil: sua história*. São Paulo: Edusp, 2005.

KEYS, Kerry Shawn (org.). *Quingumbo: nova poesia norte-americana*. São Paulo: Escrita, 1980.

LUGON, Clovis. *A república comunista cristã dos guaranis*. Rio de Janeiro: Paz e Terra, 1968.

MARKUN, Paulo. *Brado retumbante*. São Paulo: Benvirá/Saraiva, 2014. 2 v.

MARQUES, Fernando. *Com os séculos nos olhos: teatro musical e político no Brasil dos anos 1960 e 1970*. São Paulo: Perspectiva, 2014.

MARTINELLI, Marcos. *Antonio Callado, um sermonário à brasileira*. São Paulo: Annablume, 2006.

MARTINS, Marília (org.). *3 Antonios e um Jobim: história de uma geração*. Rio de Janeiro: Relume Dumará, 1993.

MELLO E SOUZA, Gilda. *O tupi e o alaúde*. São Paulo: Duas Cidades, 1979.

MORICONI, Italo. *Ana C.: o sangue de uma poeta*. Rio de Janeiro: Relume Dumará, 1996.

NOVAES, Adauto (org.) *Anos 70*. Rio de Janeiro: Senac Rio/Aeroplano, 2005.

A PAIXÃO segundo Callado. Direção: José Joffily, 2007. 1 DVD. Distribuído por Biscoito Fino.

PINHEIRO, Marcelo. "O grito de resistência de Gal Costa e Waly Salomão". Disponível em: <http://brasileiros.com.br>. Acesso em 10 abr 2014.

PLATH, Sylvia. *Poemas*. Trad. Rodrigo Garcia Lopes e Maurício Arruda Mendonça. São Paulo: Iluminuras, 1991.

QUEIROZ, Maria Isaura Pereira de. *O messianismo no Brasil e no mundo*. São Paulo: Dominus, 1965.

REIMÃO, Sandra. *Repressão e resistência: censura a livros na ditadura militar*. São Paulo: Edusp/Fapesp, 2011.

SAILORMOON, Waly. *Me segura qu'eu vou dar um troço*. Rio de Janeiro: Biblioteca Nacional/Aeroplano, 2003.

SALOMÃO, Waly. *Poesia total*. São Paulo: Companhia das Letras, 2014.

SANTIAGO, Silviano. *Nas malhas da letra*. Rio de Janeiro: Rocco, 2002.

SARTRE, Jean-Paul. *O que é literatura*. São Paulo: Ática, 2004.

SIRKIS, Alfredo. *Os carbonários: memórias da guerrilha perdida*. São Paulo: Global, [1980] 1981.

SISCAR, Marcos. *Ana Cristina Cesar*. Rio de Janeiro: Eduerj, 2011.

SÜSSEKIND, Flora. *Até segunda ordem não me risque nada*. Rio de Janeiro: 7 Letras, 2016.

SUZUKI, Matinas; STYCER, Mauricio. "Antonio Callado chega aos 80 e revê obra". Entrevista. *Folha de S. Paulo*, 26 jan. 1997.

TORQUATO NETO. *Torquatália*. Paulo Roberto Pires (org.), Rio de Janeiro: Rocco, 2004. 2 v.

VELOSO, Caetano. *Verdade tropical*. São Paulo: Companhia das Letras, 1997.

VELHO, Gilberto. *Nobres e anjos: um estudo de tóxicos e hierarquia*. Rio de Janeiro: FGV, 1988.

VENTURA, Zuenir. *1968: o ano que não terminou*. Rio de Janeiro: Nova Fronteira, 1988.

VIEGAS, Ana Cláudia. *Bliss & blue: segredos de Ana C.* São Paulo: Annablume, 1998.

Sobre o autor

Eduardo Jardim nasceu no Rio de Janeiro, em 1948. Foi professor de filosofia na PUC-Rio entre as décadas de 1970 e 2010. Escreveu livros sobre Modernismo no Brasil, como *A brasilidade modernista: sua dimensão filosófica* (1978), recentemente reeditado (2016), *Limites do Moderno* (1999), *Mário de Andrade: a morte do poeta* (2005) e coordenou a coleção Modernismo + 90 (2012-13). Em 2015, lançou a biografia *Eu sou trezentos: Mário de Andrade, vida e obra*, vencedor do Prêmio Jabuti de Melhor Livro do Ano de Não Ficção. Pesquisou o pensamento de Hannah Arendt e Octavio Paz, colaborando na divulgação de suas obras e publicou sobre eles: *A duas vozes: Hannah Arendt e Octavio Paz* (2007) e *Hannah Arendt: pensadora da crise e de um novo início* (2011). Traduziu a coletânea de ensaios *A busca do presente*, do escritor mexicano Octavio Paz (2017), parte da coleção Ensaios contemporâneos, que dirige na editora Bazar do Tempo.

"Você pode até dizer que eu estou por fora ou então que eu estou enganando, mas é você que ama o passado e que não vê que o novo sempre vem."

"Como nossos pais", Belchior

Este livro foi editado pela Bazar do Tempo no inverno de 2017, na cidade de São Sebastião do Rio de Janeiro e impresso em papel Pólen Bold 90 g/m² pela Stamppa. Foram usados os tipos Silva Text e Suisse BP Int'l.